21世纪网络与新媒体专业系列教材

新媒体文案策划与写作

徐 杨 李丽娜 隋东旭◎编著

清华大学出版社
北京

内 容 简 介

在信息高速传播的新媒体时代，新媒体文案不仅能以较低的成本给企业和品牌带来高收益，而且可以在短时间内迅速提高企业和品牌的知名度和美誉度。本书共分九章，分别为绪论、新媒体文案选题策略与写作准备、新媒体文案写作、微信文案写作、微博文案写作、短视频文案写作、软文写作、自媒体文案写作、新媒体广告文案写作。

本书既可作为应用型本科院校和高等职业院校网络与新媒体、电子商务、广告设计及相关专业的教学用书，也可作为从事新媒体文案写作工作的相关人员的参考书。

本书封面贴有清华大学出版社防伪标签，无标签者不得销售。
版权所有，侵权必究。举报：010-62782989，beiqinquan@tup.tsinghua.edu.cn。

图书在版编目（CIP）数据

新媒体文案策划与写作 / 徐杨，李丽娜，隋东旭编著. -- 北京：清华大学出版社，2024.9（2025.2 重印）.--（21 世纪网络与新媒体专业系列教材）. -- ISBN 978-7-302-67238-8

Ⅰ . G206.2

中国国家版本馆 CIP 数据核字第 2024EV3281 号

责任编辑：邓　婷
封面设计：刘　超
版式设计：文森时代
责任校对：马军令
责任印制：沈　露

出版发行：清华大学出版社
网　　址：https://www.tup.com.cn，https://www.wqxuetang.com
地　　址：北京清华大学学研大厦 A 座　　邮　编：100084
社 总 机：010-83470000　　邮　购：010-62786544
投稿与读者服务：010-62776969，c-service@tup.tsinghua.edu.cn
质量反馈：010-62772015，zhiliang@tup.tsinghua.edu.cn
印 装 者：三河市龙大印装有限公司
经　　销：全国新华书店
开　　本：185mm×260mm　　印　张：10.5　　字　数：249 千字
版　　次：2024 年 9 月第 1 版　　印　次：2025 年 2 月第 2 次印刷
定　　价：59.80 元

产品编号：101660-01

前言 Preface

近年来,随着移动互联网的兴起和人们消费方式的改变,新媒体文案的写作已成为立志从事文案工作人员的一项必备技能。在移动互联网环境下,写作出好的文案不仅要求作者具备良好的文字功底,更多的是通过新奇的创意、独到的观点来引起读者的关注,从而实现文案的变现。

《新媒体文案策划与写作》一书以培养高素质技术技能人才为目标,以适应实战型新媒体文案策划与写作人才培养模式及"教""学""做"一体化的要求,并结合企业的实际岗位需求完成编写。

本书共分九章,分别为绪论、新媒体文案选题策略与写作准备、新媒体文案写作、微信文案写作、微博文案写作、短视频文案写作、软文写作、自媒体文案写作、新媒体广告文案写作。全书系统地阐述了新媒体文案写作的基本知识和职业岗位能力要求,以"实用、适度、够用"为原则,重点突出"应用"和"能力",以下为本书的具体特点。

1. 知识清晰,结构合理

本书按照"案例+知识+复习+实操"的方式进行讲解,让读者在学习基础知识的同时,能够进行模拟实战,从而加强对知识的理解与运用。

2. 理论与案例结合

本书将新媒体文案的写作技巧与对应案例相结合,并进行系统的分析与讲解,便于读者更加轻松、直观地掌握这些知识。

3. 知识扩展性强

本书不仅注重知识的灌输,更注重知识的易懂性和扩展性,这主要体现在两个方面:一是书中设置了"知识小助手"栏目,其中总结了新媒体文案写作的相关经验、技巧;二是通过扫描相应的二维码,读者可阅读知识拓展和经典案例的内容,帮助读者更好地理解知识、开阔眼界。

4. 配套资源丰富

本书配有丰富的学习和教学资源,包括电子课件、电子教案、教学大纲、案例库等。

本书由徐杨、李丽娜、隋东旭老师共同编写。

本书既可作为应用型本科院校和高等职业院校网络与新媒体、电子商务、广告设计及相关专业的教学用书，也可作为从事新媒体文案写作工作的相关人员的参考书。

由于编著者水平有限，时间仓促，书中难免存在不足和疏漏之处，敬请各位专家与读者不吝赐教。

作者

2024 年 6 月

目录 Contents

第一章 绪论 1
第一节 新媒体概述 2
　一、新媒体的含义 2
　二、新媒体的形态 3
　三、主要的新媒体平台 5
第二节 新媒体文案概述 9
　一、文案与新媒体文案 9
　二、新媒体文案的分类 10
　三、新媒体文案的特点 11
　四、新媒体文案的写作核心 12
第三节 新媒体文案人员 13
　一、新媒体文案人员的工作职责 13
　二、新媒体文案人员的岗位要求 14
复习与思考 15
技能实训 16
参考文献 17

第二章 新媒体文案选题策略与写作准备 18
第一节 新媒体文案选题原则 19
　一、符合新媒体主体身份 19
　二、满足读者的多样性阅读需求 20
第二节 新媒体文案选题策略 21
　一、从定位入手 21
　二、关注热点事件 21
　三、必要的选题拓展 22
　四、垂直方向深度挖掘 22
　五、借鉴同行文章和爆款文章 22
第三节 新媒体文案写作准备 23
　一、新媒体文案写作步骤 23
　二、新媒体文案写作准备工作 28

复习与思考 31
　　技能实训 32
　　参考文献 33

第三章　新媒体文案写作 34
第一节　新媒体文案标题写作技巧 35
　　一、新媒体文案标题的作用 35
　　二、常见的新媒体文案标题类型 36
　　三、常见的新媒体文案标题写作技巧 38
第二节　新媒体文案开头写作技巧 40
　　一、新媒体文案开头的作用 40
　　二、常见的新媒体文案开头方式 40
　　三、常见的新媒体文案开头写作技巧 42
第三节　新媒体文案正文写作技巧 45
　　一、常见的新媒体文案正文类型 45
　　二、常见的新媒体文案正文写作技巧 48
第四节　新媒体文案结尾写作技巧 53
　　一、常见的新媒体文案结尾类型 53
　　二、常见的新媒体文案结尾写作技巧 55
　　复习与思考 56
　　技能实训 56
　　参考文献 57

第四章　微信文案写作 58
第一节　微信文案的写作基础 59
　　一、微信文案的作用 59
　　二、微信文案写作的基本要求 60
第二节　微信公众号文案写作 60
　　一、微信公众号取名技巧 61
　　二、微信公众号文案写作技巧 62
第三节　微信朋友圈文案写作 65
　　一、加入微信朋友圈 65
　　二、微信朋友圈文案写作要点 66
　　三、微信朋友圈文案写作注意事项 69
第四节　微信 H5 文案写作 70
　　一、确定主题 70
　　二、取个好标题 70

         三、制作有创意的内容 71
         四、注意排版 72
    复习与思考 72
    技能实训 73
    参考文献 74

第五章　微博文案写作 75
    第一节　微博文案的写作基础 76
         一、微博文案的特点 76
         二、区分微博文案和微信文案 78
    第二节　微博文案标题写作 80
         一、拟一个有亮点的标题 80
         二、善用符号与句式 84
    第三节　微博文案正文写作 84
         一、微博文案正文写作方法 85
         二、微博文案正文写作技巧 86
         三、微博文案推广技巧 87
    复习与思考 89
    技能实训 89
    参考文献 90

第六章　短视频文案写作 91
    第一节　短视频概述 92
         一、短视频的定义 92
         二、短视频的特点 92
         三、短视频的类型 92
    第二节　短视频文案写作 94
         一、短视频文案写作的注意事项 94
         二、短视频文案的写作技巧 95
         三、短视频脚本的写作技巧 97
    复习与思考 100
    技能实训 101
    参考文献 102

第七章　软文写作 103
    第一节　软文概述 103
         一、软文的内涵 104
         二、软文的作用 106

  三、软文的基本类型 108
 第二节 软文写作概述 114
  一、软文的写作技巧 114
  二、软文的写作场景 116
  三、不同类型软文的写作技巧 120
  四、软文写作的误区与禁忌 124
 复习与思考 125
 技能实训 126
 参考文献 126

第八章 自媒体文案写作 128
 第一节 自媒体概述 129
  一、自媒体的定义 129
  二、自媒体的特点 129
  三、自媒体的优劣势 130
 第二节 主流自媒体文案写作 131
  一、一点资讯文案写作 131
  二、今日头条文案写作 132
  三、简书文案写作 134
  四、知乎文案写作 135
  五、百家号文案写作 138
  六、企鹅号文案写作 139
  七、搜狐号文案写作 140
  八、大鱼号文案写作 141
 复习与思考 142
 技能实训 142
 参考文献 143

第九章 新媒体广告文案写作 144
 第一节 新媒体广告简介 145
  一、新媒体广告的发展沿革 145
  二、新媒体广告的特点 146
  三、新媒体广告存在的问题 146
 第二节 新媒体广告创意 147
  一、新媒体广告创意的特性 147
  二、新媒体广告创意的基础 148
  三、新媒体广告创意的原则 148

四、新媒体广告创意的要求 151
第三节　新媒体广告文案写作 152
　　一、新媒体广告文案的含义 152
　　二、新媒体广告文案的特点 152
　　三、新媒体广告文案的创作要求 153
　　四、新媒体广告文案的写作步骤 155
复习与思考 156
技能实训 157
参考文献 158

第一章 绪论

知识目标

- 了解新媒体的含义及形态;
- 熟悉主要的新媒体平台;
- 掌握新媒体文案的写作核心;
- 熟悉新媒体文案人员的工作职责;
- 了解新媒体文案人员的岗位要求。

重点及难点

重点

- 主要的新媒体平台;
- 新媒体文案的写作核心;
- 新媒体文案人员的工作职责。

难点

- 运用新媒体文案写作的相关知识分析问题、解决问题。

##

钉三多,是什么?钉钉文案再次爆红

第一节　新媒体概述

　　随着数字技术的快速发展，新媒体以其即时性、交互性、多媒体性、个性化、细分化、共享化等优势对传统媒体产生了一定的冲击和影响，而新媒体写作是在新媒体媒介迅速普及和广泛应用的形势下应运而生的一门新学科。

　　随着数字化、多媒体和网络技术的发展和移动智能终端设备的普及，新媒体作为一种新兴媒介，打破了媒介之间的壁垒，消弭了媒介、地域，甚至信息传播者与接收者之间的边界，使媒介传播的形态发生了翻天覆地的变化。

一、新媒体的含义

　　学习新媒体文案的写作，首先要了解何为媒体以及媒体的最初形态是什么？

　　媒体是指传播信息的媒介，是人们用来传递信息与获取信息的工具、渠道、载体、中介物或技术手段。媒体有两层含义：一是承载信息的物体，二是储存、呈现、处理和传递信息的实体。

　　加拿大著名传播学家马歇尔·麦克卢汉在其《理解媒介：论人的延伸》一书中提出"媒介即讯息"，言简意赅地将媒体所具有的积极能动作用进行了概括。媒体在其不断演变和发展的过程中，为社会生活传播了信息，提供了娱乐，不仅引导了大众的价值取向，还起到了文化传承的作用，而且通过监督与纠正社会中的不良现象，使社会关系更加和谐。

　　传统媒体是通过某种机械装置定期向社会公众发布信息或提供教育或娱乐平台的媒体，主要包括电视、广播、报纸和杂志。相对于传统的四大媒体，新媒体被称为"第五媒体"。新媒体是新的技术支撑体系下出现的媒体形态，它是一种利用数字技术和网络技术，通过互联网、宽带局域网、无线通信网、卫星等渠道，以及计算机、手机、数字电视机等终端，向用户提供信息和娱乐服务的传播形态。

知识拓展：
马歇尔·麦克卢汉

　　由于新媒体发展快、变化多，对其内涵的界定也呈现出动态变化的特点。近年来，发展势头最猛的当属随着移动互联网技术发展而兴起的媒体渠道，有新闻资讯类手机应用，如腾讯新闻、今日头条、网易新闻等；还有一些视频类手机应用，如优酷、爱奇艺等。随着手机移动互联网的快速发展，手机应用市场的规模也在不断扩大。

　　新媒体的出现迎合了人们对休闲娱乐时间碎片化的需求，满足了大众随时随地进行互动交流的需求。新媒体海量信息的共享以及多媒体与超文本的个性化表达，给媒体行业带来了许多新的理念和模式。

　　新媒体广泛地融入社会生活的方方面面，逐渐发展成媒体领域的生力军。然而，不可否认的是，社会发展至今，还没有任何一种媒体可以完全取代其他媒体，即便新媒体如此蓬勃发展，报纸、杂志、广播和电视仍有其各自的生存发展空间。

二、新媒体的形态

新媒体是新的技术支撑体系下出现的媒体形态，如数字杂志、数字报纸、数字广播、数字电视、手机短信、移动电视、计算机网络、桌面视窗、数字电影、触摸媒体和手机网络等。

（一）数字杂志

数字杂志又称多媒体杂志，是一种制作精美、内容精练、信息集中、书刊效果逼真的电子出版方式。它集图文、数据、音频、视频于一身，内容更新便捷，传播更加迅速，还可以与网站整合、与读者互动，更没有印刷等成本消耗。数字杂志中的图文资料可供读者复制，文章的阅读次数及读者层次也能被准确反馈。总之，数字杂志是一种极具优势的电子出版方式。

（二）数字报纸

数字报纸是指报纸的采、编、发一体化的解决方案平台软件，通过转换处理工具软件对主流排版格式进行一系列操作，转化生成一定格式的文件包，满足用户对数字报纸不同格式的需求，配合发布系统，呈现整个报纸的全貌。除了无法模拟纸张的触感，数字报纸所提供的阅读效果与传统报纸高度契合。

（三）数字广播

数字广播是指将数字化的音频信号、视频信号及各种数据信号在数字状态下进行各种编码、调制、传递等处理。它通过地面发射站发射数字信号，以达到广播及数据资讯的传输目的。受众可以通过手机、计算机、便携式接收终端、车载接收终端等多种接收装置收听到丰富多彩的数字多媒体节目。数字广播音质纯净，抗干扰能力强，快速移动时接收效果好，除了音频节目，还可以提供数字多媒体广播和数据服务。

（四）数字电视

数字电视又称数位电视或数码电视，是指从演播室到发射、传输与接收的所有环节都使用数字电视信号，或者对该系统所有的信号传播都是通过由0、1数字串所构成的二进制数字流来传播的电视类型。它是一个从节目采集、节目制作、节目传输直到用户端都以数字方式处理信号的一端到另一端的系统，具有信号损失小、接收效果好、节目容量大等优势。

在观看传统电视时，用户只能被动地收看电视台播放的节目，而数字电视提供了视频点播的服务，使用户拥有更多选择的权利，增强了电视的交互能力。数字电视还具有许多传统电视不具备的功能，如网络视频点播、网上购物、远程教学、股票交易、远程医疗等，这些功能让数字电视成为名副其实的"信息家电"。

(五) 手机短信

手机短信是伴随数字移动通信系统而产生的一种信息传播形式，用户通过手机或者其他电信终端直接发送或接收文字、图片或数字信息。手机短信分为两种：一种是文字或者数字信息，这类信息通常有字符限制；另一种是彩信，支持多媒体功能，能够传递文字、图像、声音、数据等各种多媒体格式的信息。

(六) 移动电视

移动电视，顾名思义就是可以在移动状态下收看的电视。它采用当今世界上最先进的数字电视技术，通过无线发射、地面接收的方法进行电视节目传播，无论是在地铁、公交车上，还是在汽车、火车、飞机和轮船上，只要安装了电视接收装置，就能收看到优质的移动电视节目。

移动电视覆盖面广、反应迅速、移动性强，无论是在高速移动的状态下，还是在固定的状态下，均能保持画质的清晰，打破了时间和空间的限制，极大地满足了当下快节奏社会生活中人们对于信息的需求。

(七) 计算机网络

网络是信息传输、接收和共享的虚拟平台，通过它可以把各个点、面、体的信息联系到一起，从而实现这些资源的共享。人们通过计算机网络可以阅读文字、查看图片、播放影音、下载和传输文件、打游戏和聊天等，还可以实现数据通信与资源的共享。

(八) 桌面视窗

桌面视窗是基于操作系统的任务操作显示界面，通常由标题栏、菜单栏、工具栏、地址栏、状态栏及浏览区域等构成，用户可以根据需要打开多个应用程序或文档的窗口，对文字、图片、音频、视频等信息进行操作。桌面视窗使用简单，操作灵活，风格统一，深受用户的喜爱。

(九) 数字电影

数字电影是指采用数字技术和设备进行电影的摄制、制作和存储工作，通过卫星、光纤、磁盘、光盘等物理媒体传送，将数字信号还原成符合电影技术标准的影像与声音，放映在银幕上的影视作品。与传统电影所采取的光学、化学或物理处理技术不同，数字技术的运用实现了电影的无胶片制作、发行与放映，不但降低了成本，而且保证了画质的清晰。

(十) 触摸媒体

触摸媒体是将无线通信模块和触摸技术相结合的新型媒体平台，通过定期更新信息或者资讯，以独一无二的互动体验方式与用户建立亲密的对话。触摸媒体的应用十分广泛，如公共信息的查询、餐厅点菜、多媒体教学、房地产预售等。

(十一) 手机网络

手机网络是一种以智能手机为终端，采用移动无线通信方式获取业务和服务的媒体形态。随着数字技术的广泛应用，手机的功能不仅仅停留在简单的通话和短信业务上，资讯传播、娱乐游戏、虚拟社区、生活服务等功能被不断开发。手机网络以其良好的互动属性和便捷的移动属性在人们的社会生活中占据着越来越重要的地位。

三、主要的新媒体平台

目前，人们日常使用的新媒体平台非常多，主要有微信、微博、电商平台、今日头条、短视频平台、社群和网络论坛等。

（一）微信

微信是腾讯公司于 2011 年 1 月 21 日推出的一个为智能终端提供即时通信服务的免费应用程序。用户可以通过手机、平板、电脑网页等终端快速利用微信发送语音、视频、图片和文字。

微信可以说是在恰当的时间出现，用恰当的方式获得了成功。微信提供公众平台、朋友圈、消息推送、多人群聊、位置分享等功能，用户可以通过摇一摇、搜索微信号、附近的人、扫二维码等方式添加好友和关注公众平台，同时，微信用户可以将内容分享给好友以及将自己看到的精彩内容分享到微信朋友圈。

作为一种更快速的即时通信工具，微信具有零资费、跨平台沟通、显示实时输入状态等功能，与传统的短信沟通方式相比，更灵活、更智能且费用更低。微信以其零资费、功能多、方便快捷等优势拉近了人与人之间的距离，得到了广大用户的认可。

微信用户除了可以与好友进行即时聊天，还可以通过朋友圈进行信息的传递，发布生活状态或者分享心情，朋友圈的信息内容可以采用"文字+图片"或"文字+短视频"的形式发布。微信用户还可以对好友朋友圈中的动态进行评论或者点赞。除此之外，微信朋友圈也可以实现音乐、文字、视频、超链接等多种形式内容的分享。

微信公众平台主要面向组织、企业、媒体和个人，用户可以通过公众号进行消息推送、品牌传播与信息分享等。微信公众平台的账号类型分为四种，即订阅号、服务号、企业号和小程序。

在社会交往方面，微信有效地结合了一对一与一对多的信息交流方式，为每个用户建立了以自我为中心的社会关系网络，打破了时间和空间的限制，使用户能随时随地与朋友进行交流。

在商业价值方面，微信为企业和商家提供了新的契机，其商业化进程不断推进。例如，零售、餐饮、美容美发、健身等行业利用微信进行从线上到线下的营销，通过开通公众号将线下商店打折、服务预订等消息推送给用户，从而将微信用户转化为线下客户，如图 1-1 所示；又如，许多企业通过微信建立旗下品牌的官方账户，将丰富的产品信息和品牌文化推送给微信用户，从而实现产品的销售和品牌的推广，如图 1-2 所示；还有一些微信个人用户，通过在朋友圈发布广告进行产品和服务的推广，开辟了一个新的商业渠道，如图 1-3 所示。

  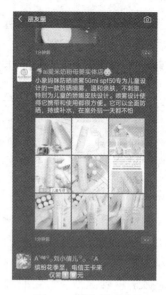

图1-1　大润发公众号　　　图1-2　巧虎公众号　　　图1-3　朋友圈广告

各级政府部门也借助微信公众平台实现了政务信息的公开和广泛传播，政务公众平台账号的开通为各级政府部门提供了一个与民众互动的窗口，既可以更加便捷地发布与民众切身利益息息相关的信息，又能即时获得民众的反馈，了解民众的意愿，如图1-4所示。

除此之外，微信也为文化的传播提供了良好的平台。一些文学类、知识类的公众平台账号为用户提供了丰富个人内在修养的机会；用户也可以通过微信进行微文学的创作和传播，或者进行各种知识的普及；朋友圈中也存在许多有价值的信息分享，用户可以对有价值的信息进行收藏与转发等。总之，微信既满足了人们自我提高的需求，也促进了文化的传播。

（二）微博

微博是一种通过关注机制分享简短实时信息的广播式社交网络平台，现在人们通常所说的微博就是指新浪微博。在市场竞争日益激烈和技术不断更迭的形势下，新浪微博站稳了脚跟。

图1-4　长春市人社局公众号

新浪微博是一个基于用户关系的信息获取、分享以及传播的平台，用户可以通过网页、手机客户端等发布消息或者上传图片，更新思想观点或者实时动态。微博主要具有以下几个特点。

1. 信息碎片化

微博最显著的特点就是信息碎片化。在微博产生之初，用户发布的文本信息有着严格的字数限制，篇幅必须控制在140字以内，所以直截了当、言简意赅的表达成为微博语言的一大特色。正是因为篇幅短小，微博上发布的信息呈现出碎片化的特点，而这也与人们日益被分割的时间和注意力相契合。尽管微博早在 2016 年 2 月就取消了文本信息的字数限制，规定字符可以控制在 2000 字以内，但其简洁凝练的文本风格却延续了下来。

2. 信息的时效性

微博信息的碎片化在一定程度上提高了信息传播的速度。一条信息发布后，关注该用户的人都能在同一时间接收到信息并且可以转发到自己的微博上，关注者的"粉丝"也可以在同一时间接收到这条信息。这样层层传递下去，微博的时效性大大提高。

例如，由微博话题"#四年前的请假条#"发布后，阅读量达到 3.3 亿，讨论次数达到 1.6 万，可见微博信息传播速度之快，如图 1-5 所示。

图 1-5　微博话题

3. 信息的个性化

新媒体时代，人人都有了表达的意愿，也拥有了表达的渠道，微博作为人们进行社会交往的平台，为大众提供了自由发声、个性表达的舞台。用户可以根据个人兴趣或者关注点来打造原创个性化内容。例如，微诗、微小说及微散文的流行都与微博有着密不可分的联系。同时，用户也可以通过关注不同类别的博主来发现精彩的内容，进行信息的转发。

4. 意见领袖作用突出

意见领袖是团队中信息发布的重要来源，是能够左右多数人态度及倾向的少数人。尽管其不一定是团体的正式领袖，但其往往消息灵通、精通时事，或者在某些方面有着出色的才能。

在微博中，每个人都有成为意见领袖的可能。只要你在某一领域具有突出的影响力，尤其在信息的时效性、独家性、专业性上具有突出的表现，就很可能成为影响人们思想观念、引导舆论走向的意见领袖。

（三）电商平台

电商平台即电子商务平台。电子商务是以信息网络技术为手段，以商品交换为中心的商务活动，而电子商务平台则是为企业或者个人提供网上交易的平台。企业电子商务平台是在开放的互联网中进行商务活动的虚拟网络空间和保障业务顺利运营的管理环境，是协调与整合信息流、物质流、资金流有序、关联、高效流动的重要场所。在电子商务平台上，传统商业活动的各个环节实现了电子化、网络化和信息化。

移动互联网的发展与智能终端的普及为人们的生活带来了极大的便利，人们的购物场所从商场、超市、传统 PC 端转向移动终端设备。通过电商平台，无论是国内商品还是海外商品，都可以尽收囊中，层出不穷的电商 App 极大地满足了人们随时随地进行购物的需求，现已成为人们生活中不可或缺的一部分。

随着用户需求的不断增多及市场竞争的日益白热化，电商平台的类型也呈现出多样化的特点。按照电商平台涉及领域以及内容的不同，电商平台大致可以分为综合类电商、垂直类电商、团购类电商、特卖类电商、返利类电商和海淘类电商。

（四）今日头条

今日头条是一款基于数据挖掘的推荐引擎产品，致力于为用户推荐有价值的、个性化的信息，提供连接人与信息的新型服务。作为国内率先推出基于算法推荐、专注内容分发的综合类应用，今日头条自发布以来就呈现出迅猛的发展势头，现在已经跻身于新闻资讯客户端的第一阵营。

> 知识拓展：
> 电商类型知多少

今日头条倡导"个性化阅读"理念，依托个性化推荐引擎技术，根据每个用户的兴趣、位置等多个维度进行个性化推荐，为其推荐新闻、音乐、电影、游戏、购物等资讯信息。

今日头条旗下的头条号是一款媒体/自媒体平台，致力于帮助企业、机构、媒体和自媒体在移动端获得更多的曝光与关注，在移动互联网时代持续扩大影响力，同时实现品牌传播和内容变现，并为今日头条平台输出更多、更优质的内容，创造更好的用户体验。

头条号依托今日头条的算法推荐，即使是自媒体新人，粉丝不多，只要发布的内容足够优质，内容标签与用户标签一致，就有可能获得巨大的阅读量。

（五）短视频平台

短视频是指在各种新媒体平台上播放的，适合在移动终端进行碎片化浏览、高频推送的一种时长极短的视频形式。短视频囊括了社会热点、娱乐搞笑、生活技巧、时尚潮流、公益教育、广告创意和商业定制等内容。

2013 年 7 月，制作并分享动图的应用"GIF 快手"更名为"快手"，从一款工具软件转型为记录和分享生活的短视频平台，由此我国迈入了短视频应用发展的道路。继快手之后，新浪微博、迅雷、腾讯等互联网企业纷纷推出秒拍、有料、微视等短视频平台，它们利用自身丰富的用户资源和强大的技术手段成功地将短视频行业推到一个新的高度。之后的几年内，小咖秀、梨视频、美拍、火山小视频、抖音等短视频 App 相继火爆，短视频平台上活跃用户的规模不断扩大。

如今的移动短视频领域俨然已经成为一块互联网企业的必争之地，腾讯强势复活"微视"，百度押注"好看视频"，新兴互联网公司也在加大对短视频投资，资本、流量和技术的参与使短视频应用市场出现"百团大战"的格局，各大移动互联网企业争相抢占短视频行业的蓝海，短视频平台的商业价值、用户价值和舆论价值随着资金的流入被不断挖掘出来。

> 知识拓展：
> 蓝海的含义

（六）社群

社群是由一群拥有共同兴趣爱好，认知水平相当，价值观相符的用户组成的社交群体，社群成员在某方面的特点越相似,相互之间的情感联系就越强。因此,文案人员要想在某社群发布文案,首先要明确社群的定位,分清社群的类型及其成员喜好,从而有针对性地发布符合用户兴趣的文案内容,从而引起共鸣。

知识拓展:
社群的类型

（七）网络论坛

网络论坛（bulletin board system,BBS）是一种电子信息服务系统,每个用户都可以在网络论坛上发布信息或者表达观点。早期的BBS由教育机构或研究机构管理,现在多数网站都建立了自己的BBS系统,用户可以自由访问网络论坛,通过网络论坛与他人交谈、发布消息、讨论问题、传送文件、学习交流等。

在新媒体时代,网络论坛呈现出如下特点。

1. 内容多元化

网络论坛的内容呈现出多元化的特点,涵盖了社会、生活、地域、教育、娱乐明星、游戏、体育、企业等方方面面的内容,极大满足了用户对信息获取的需求。

2. 智能化推荐和人工信息整合相结合

各大网络论坛在人工智能领域发展迅速,往往依据兴趣、关注点为用户推荐信息。同时,网络论坛以人工信息整合的方式让持有不同资源的用户在这里实现信息资源的共享。

3. 内容更迭迅速

在网络论坛中,优质、有价值的帖子会被"置顶"或者"加精",而劣质、陈旧的帖子会快速下沉,最终被埋没在海量的信息当中,这在一定程度上过滤了信息,让真正高质量的内容得到迅速、有效的传播。

案例 1-1

新媒体精彩文案欣赏

第二节　新媒体文案概述

一、文案与新媒体文案

（一）文案

文案有两层含义,一是广告的表现形式,二是职业称呼。

1. 文案是广告的表现形式

文案来源于广告行业，是广告文案的简称。它有广义和狭义之分，广义的广告文案是广告作品的全部，包括标题、正文、口号等文字描述和插图、视频、整体排版等广告视觉编辑；狭义的广告文案只包括与广告相关的文字部分，如标题、正文和口号的撰写等。

2. 文案是一种职业称呼

文案是专门创作广告进行产品或者品牌形象传播的工作者，美国一家零售广告公司的总裁朱迪思·查尔斯（Judith Charles）这样定义文案岗位："文案是写手，就是坐在键盘后面的销售人员。"

知识拓展：
广告

（二）新媒体文案

结合文案的定义，我们将新媒体文案界定为以下两个层次：一个层次是职业称呼，即新媒体文案从业人员，也称新媒体编辑。其定义为基于新媒体（以移动互联网媒体为主），面向特定人群进行文字内容创意和写作的文职人员。新媒体文案的核心工作是通过发布信息、互动分享等活动，实现同一个精神群体中人与人之间的连接和互动。如果只负责在新媒体平台写稿件，不关注受众群体，更不与受众进行互动，这不能称作新媒体文案人员，只能称作码字员。另外一个层次是新媒体平台上内容的呈现形式，即新媒体平台上，一切与文字写作、策划与编辑有关，并且向特定人群发布、反馈的信息都称为新媒体文案。我们的新媒体文案写作与编辑旨在通过精准定位于新媒体平台上的用户，创造性地设计与传播信息，以满足受众需求并获得认可、留下印象，甚至引发进一步传播，从而达到在大范围内塑造品牌形象或者拓宽产品销售渠道的目的。

知识拓展：
热文与爆文

二、新媒体文案的分类

（一）按照目的分类

新媒体文案按照企业的不同目的可分为销售文案和品牌文案。销售文案着眼于提高企业产品销量，如文案中主要介绍企业推出的打折优惠活动。品牌文案着眼于提高品牌的知名度和美誉度，扩大企业影响力，如企业形象宣传文案、企业在重大节日发布的具有一定情怀和价值取向的文案。

（二）按照植入方式分类

新媒体文案按照植入方式可分为硬文案和软文案（软文）。用直白的内容，发布在新媒体平台的文案称为硬文案；不直接介绍产品，而通过其他方式植入广告内容而使受众不容易察觉到的，达到"润物细无声"境界的文案，称为软文案。企业在提升品牌曝光度、美誉度的时候经常使用软文案。

（三）按照发布主体分类

新媒体文案按照发布主体不同分为自媒体文案和专业新媒体文案。当发布者是普通公众或者小型团体，他们使用网络信息化手段，向不确定的多数人或者特定的人群发表自己的意见和观点，分享自己所见、所闻，如在个人运营的今日头条账号、个人博客、个人微信号、哔哩哔哩、一直播等平台上发布的文案称为自媒体文案；当运营者是组织机构，按照明确的操作规则和程序在新媒体平台上发表意见和观点、分享见闻等，具有明确的目标和盈利要求，这些文案称为专业新媒体文案。

三、新媒体文案的特点

（一）发布成本低

传统媒体广告成本动辄几十万元甚至上百万元，而且发布时间不够灵活，受众也不精准。新媒体时代，企业的广告信息发布成本逐渐降低。

（二）发布平台及呈现形式多样化

1. 发布平台多样化

新媒体文案的发布与传播平台包括但不限于微信、微博、一直播、头条号等，企业可以根据不同的受众选择不同的平台，发布不同类型的文案。

2. 呈现形式多样化

新媒体文案不仅可以以文字形式发布，还可以以短视频、图片、flash 小游戏等多种方式呈现。

（三）互动性强

消费者可以借助新媒体平台参与企业发布的各种活动，与企业进行沟通和互动。企业在互动中也达到了相关推广的目的。

（四）目标人群更精准

企业通过智能终端系统挖掘用户兴趣爱好、工作生活习惯、居住地域、年龄、职业等信息，有针对性地发送文案。比如，今日头条通过智能算法解读用户兴趣，形成用户画像，有针对地推送信息。

（五）好的文案容易被用户二次创作

短、平、快的走心新媒体文案更容易被用户记住，从而实现二次创作和分享。比如聚美优品"我是陈欧，我为自己代言"的文案，延伸出许多改编版的"陈欧体"，如下所示。

你只闻到我的香水，却没看到我的汗水；你有你的规则，我有我的选择；你否定我的现在，我决定我的未来；你嘲笑我一无所有，不配去爱，我可怜你总是等待；你可以轻视我们的年轻，我们会证明这是谁的时代。梦想，是注定孤独的旅行，路上少不了质疑和嘲笑，但那又怎么样？哪怕遍体鳞伤，也要活得漂亮。我是××，我为自己代言。

案例 1-2

那个曾火爆网络的"凡客体",你还记得吗?

(六)发布及时

传统文案时效性是以天和小时来计算的,而新媒体文案就是以分和秒来衡量的,真正做到了"争分夺秒",将"及时""实时"的追求推向了极致。自媒体文案的时效性更强,只要写完、自己审核满意就可以发表,没有任何程序和时间的限制。

(七)语言个性化、网络化

新媒体文案中的语言呈现出简约"快餐式"的特点,尤其是文案中丰富的表情包,更受到新媒体用户尤其是年轻一代用户的喜爱。新媒体环境下生成的网络新词语,如"土豪""高大上""点赞"等早已经在各大媒体上应用,并且已经被大众熟知;新媒体表达方式也跨越了传统的线性表达方式,开始出现个性故事化叙述。

(八)碎片化阅读与传播

碎片化阅读是在新媒体环境与生活节奏加快的大背景下催生出来的一种新的阅读方式。它主要包括两个方面的内容:一是阅读内容的碎片化。新媒体受众只选择自己感兴趣或者对自己有用的一个或者数个片段来阅读。二是阅读时间碎片化。新媒体受众一般利用自己工作和生活的零碎时间,通过移动互联网终端实现阅读,比如在等公交车时、在餐厅排队打饭时登录微信朋友圈、微信订阅号、今日头条、简书等平台阅读信息。

针对受众的阅读习惯,新媒体传播也趋于碎片化。一般情况下,针对一个小主题所形成的风格鲜明、观点突出、表达清晰的通俗易懂型短文章、短视频、短漫画更容易传播。

四、新媒体文案的写作核心

(一)以持续的价值营造群体成员的精神归属感

新媒体时代,人与人之间的关系不再是简单的传播者与受众的关系,而是内容生产者与订阅者的关系。当新媒体文案人员发布的信息与受众价值观相符,获得受众认同时,就会被受众关注、点赞、转发和打赏。通过新媒体平台,充分展示人格魅力,为受众创造持续价值和精神层面的认同感,是新媒体文案人员价值的集中体现。

(二)维护价值交换的生态体系

人格化是新媒体的通行证,创造用户价值是新媒体文案人员的墓志铭。新媒体文案人员通过为受众持续创造价值，吸引更多人加入自己的精神部落，除此之外，新媒体文案人员还要维护好通过社群、产品、会员、付费交换等方式构造起来的价值交换的生态体系。运营、维系所建立的新媒体精神部落群体的日常交流，是新媒体文案人员的重要职责。

思考与讨论：请找到一篇自己感兴趣的文案，具体分析其写作的核心。

8种仍然单身的理由，你是哪一种？

第三节 新媒体文案人员

随着移动通信网络环境的不断完善以及智能手机的进一步普及，移动互联网应用深入到用户各类生活需求中，促进了手机上网率的增长。

移动互联网的迅速发展和普及，为企业品牌宣传、营销推广以及个人形象宣传和价值传播提供了很好的平台，由此催生出新的岗位——新媒体文案。

一、新媒体文案人员的工作职责

新媒体文案人员的工作职责不仅包括新媒体平台的文案写作与推送，还包括文案策划、热点跟进等工作，具体表现为以下几个方面。

1. 新媒体平台内容创意与写作

新媒体文案人员要根据企业品牌或者产品宣传需要，在不同平台，如微信、微博、头条号等，发布不同形式的文案，提高企业品牌知名度或者增加产品销量。

例如，"新世相第一堂课让好人都富起来"的在线课程文案，该文案运用了名人推荐、"新世相"背景、"限时特价优惠"、"好人都能富起来"等关键词，吸引受众，激起他们的购买欲望，从而达到提高销量的目的，如图1-6所示。在该海报中，新媒体文案人员主要做的是与文字、创意有关的工作，而具体的版面设计需要新媒体平面设计师或者新媒体美工等相关人员协助完成。

2. 重大事件推广宣传

新媒体文案人员要根据企业发展需要，策划相关活动，从而进行推广和宣传。新媒体文案编辑人员在企业常规的重大活动宣传中也起着重要的作用。

图 1-6 新世相文案

例如，加多宝推出的"对不起"系列文案，它一方面很好地进行了危机公关，另一方面起到了品牌宣传的作用。

王老吉 VS 加多宝经典营销大战："对不起"PK"没关系"

3. 关注热点，跟踪宣传

新媒体文案人员需要根据社会热点进行宣传。社会热点有两种：一种是已知的热点，比如重大时间节点；另一种是不可测热点，比如热门比赛的输赢、突发事件等。

4. 提升用户关注度和活跃度

新媒体文案人员在每次发文后都要关注新媒体后台数据，包括点赞、转发、评论和阅读数量，及时回应有价值的评论，完成与用户的有效互动；通过整理、分析后台数据，为确定下次发文思路、发文风格、发文主题等提供依据；另外，新媒体文案编辑团队通过策划系列活动，与用户形成良好的互动关系，提升用户的关注度和活跃度。

二、新媒体文案人员的岗位要求

以下为对新媒体文案人员关键能力的要求。

（一）具备互联网思维

互联网思维是新媒体文案人员必须具备的一种思维方式。互联网思维的核心是惠及广大用户、客户体验导向以及基本服务免费。新媒体文案人员在文案写作与策划过程中要以这种思维方式为导向开展工作。

(二)具备发散与创意思维

新媒体文案人员要具备发散与创意思维,时刻保持一颗好奇心,善于跳出常规思路去考虑问题。当接到一个文案策划与写作任务的时候,新媒体文案人员要能够展开联想,快速提出多个写作方案。

(三)具备较强的文字功底

新媒体文案人员撰写的文案首先要保证让受众看得懂、读得进。这就要求新媒体文案人员在文字表达、遣词造句方面有一定的功底,一方面能规范运用语言文字表达思想,另一方面能掌握当下网络流行语,根据文案主题、受众定位选择恰当的语言风格进行规范化写作。

新媒体文案人员需要多看、多写、多思考。通过多看优秀、热门的文案作品,分析其成功之处并模仿运用,通过不断写作与修改来提升文案写作水平。

(四)具备较深的行业与专业背景

新媒体文案的写作目的是传播品牌形象,提升产品销量。企业文案写作要以一定的行业背景为基础,比如服装行业的新媒体文案人员最好对服装行业有一定的了解,一些自媒体平台要求文案人员有自己擅长的领域,如职场、情感、娱乐、育儿等,具备了行业背景、专业知识,做新媒体文案工作时就更加得心应手。

(五)具备一定的设计、审美与视图编辑能力

新媒体文案在线编辑工具很多,在诸多在线编辑工具中,如何选择适合自己文案风格的模板、图片与视频,需要新媒体文案人员具有一定的设计、审美与视图编辑能力。

新媒体文案人员可以通过观摩大量优秀作品,总结美感规律并合理运用,以此提升自己的审美能力。

(六)具备持续的学习热情

做好新媒体文案工作需要一定的专业知识做支撑,如广告、传播、策划、心理、图片与视频编辑、摄影摄像等;另外,还要紧跟时代潮流,不断学习与运用新媒体背景下衍生出的一系列新知识,比如不同新媒体平台的特点、新媒体语言的运用、热点事件的跟踪与把握、新的在线视图编辑技术等。这需要新媒体文案人员做好学习计划与职业规划,边学习、边运用,在不断实践、反思与再实践中提升自己的职业技能。

思考与讨论:分享你阅读过的有关新媒体文案写作的文章,讲讲阅读后的收获。

复习与思考

1. 简述什么是新媒体。
2. 简述主要的新媒体平台。

3. 简述新媒体文案的含义。
4. 简述新媒体文案的特点。
5. 简述新媒体文案人员的岗位要求。

 技能实训

实训题目

新媒体文案人员岗位实训

实训目标

（1）能够通过教师讲解、案例讨论掌握相应知识点。

（2）初步学习团队合作，发挥每一个团队成员的能力，学习小组讨论、分析评价的方法，并对讨论问题进行记录和文字小结，完成案例讨论。

（3）能够形成初步的独立思考能力。

（4）能够培养初步的自主学习能力。

实训内容与要求

（1）由教师介绍实训的目的、方式、要求，调动学生实训的积极性。

（2）由教师布置模拟实训题目，题目如下。

请登录拉勾网、智联招聘、58同城等大型招聘网站，查询还有哪些岗位需要新媒体文案写作能力。

（3）对学生进行分组、确定各小组的组长和人员分工，学习小组学习方式，制订小组计划，了解团队要做什么，要达到什么目的。

（4）由教师介绍新媒体文案岗位的相关案例及讨论的话题。

（5）各小组对老师布置的问题进行讨论，并记录小组成员的发言。

（6）根据小组讨论记录撰写讨论小结。

（7）各组相互评议，教师点评、总结。

实训成果与检测

（1）成果要求。

① 提交案例讨论记录：教学分组按3～5名学生一组，设组长1人、记录员1人，每组必须有小组讨论、工作分工的详细记录，以作为考核成绩的依据。

② 能够在规定的时间内完成相关的讨论，学习团队合作方式，撰写文字小结。

（2）评价标准。

① 上课时积极与老师配合，积极思考、发言。

② 认真阅读案例、积极参加小组讨论、分析问题思路较宽。案例分析基本完整，能结合所学理论知识解答问题。

③ 团队配合较好，积极参与小组活动，分工合作较好。

参考文献

1. 喻斌. 新媒体写作教程[M]. 北京：中国传媒大学出版社，2018.
2. 陈倩倩. 新媒体文案写作与编辑[M]. 北京：中国人民大学出版社，2019.
3. 李华，廖晓文，贾悟凡. 新媒体写作与传播：文案写作 图文编辑 内容传播[M]. 北京：人民邮电出版社，2019.
4. 雷默，海马. 新媒体写作[M]. 南京：南京大学出版社，2018.

第二章
新媒体文案选题策略与写作准备

 知识目标

- 熟悉新媒体文案选题原则；
- 掌握新媒体文案选题策略；
- 熟悉新媒体文案写作步骤；
- 掌握新媒体文案准备工作。

 重点及难点

重点

- 新媒体文案选题策略；
- 新媒体文案准备工作。

难点

- 运用新媒体文案选题策略与写作准备的相关知识分析问题、解决问题。

 案例导入

我们的精神角落——豆瓣经典广告

第一节 新媒体文案选题原则

新媒体文案的选题很重要，一篇文章想要获得更多阅读量，首先需要一个好的题目。很多从事新媒体文案写作的人都有这样的苦恼，别人在微信公众号里一周推送一篇文章，轻轻松松就拿到了 10W+的阅读量，而自己每天发 5 篇，阅读量加起来还不到 1000。问题在哪里？至少有一半是出在选题上。好的选题总是能戳中读者兴趣点，而读者不感兴趣的东西往往被他们直接忽略，更谈不上留言以及转发。

传统媒体写作虽然也有选题这个环节，但选题时通常考虑的是内容大方向，如小说可以有军事题材、农村题材、市井生活题材和工业题材等。新媒体文案写作的选题远比传统媒体写作复杂，并且有其独特的选题逻辑。

新媒体文案选题时通常遵循以下几个原则。

一、符合新媒体主体身份

不论在什么新媒体平台写作，首先要明确自己的身份，不同的平台有不同的读者群体。因此，不同新媒体平台的选题各有各的方向，各有各的逻辑。

新媒体的主体身份包括如下几类。

（一）媒体

媒体包括大众媒体和专业性媒体，大众媒体如新浪财经、网易新闻、紫牛新闻、凤凰网等，专业性媒体如互联网周刊、中国智慧城市导刊、中国水产报道、36 氪、17PR 等。

大众媒体文案的写作，选题应落在其关注的领域，比如新浪财经肯定是以报道国内外财经新闻为主。专业性媒体文案的选题范围看起来似乎变窄了，但垂直细分领域往往有很多的内容可写，在选题上更显得游刃有余。选题时选择别人不关注的领域，有可能写出独家的文案。随着新兴产业的发展，定位于某个专业领域的新媒体会越来越多。

（二）企业

在新媒体出现之前，企业通常有自己的内刊或报纸。如今，企业内刊和报纸大多被企业官网、官方微博、微信公众号等媒体平台的企业账号替代。

企业新媒体文案的写作，其选题肯定是围绕其所在的行业及企业自身的经营发展，既可以从文化、品牌、技术、产品和服务等方面来进行选题策划，也可以从企业领导人的个人形象入手进行策划，讲好品牌故事，丰富企业形象，展示领导人风采。

（三）个人

新媒体时代，个人化写作成为一种常态。从博客、微博、论坛、微信号、豆瓣、LOFTER，到搜狐、钛媒体、虎嗅、凤凰等媒体的个人账号，只要有时间，每个人都可以自己创作文案。以个人作为主体的新媒体文案选题范围更广，自由度更大，只要在法律法规允许的范围内，可以想写什么就写什么。但在实际运营时，成功的个人账号必须有自己独特的定位，如微博时代的"冷笑话"，微信时代的"罗辑思维"都各有其个性特征。

因此，个人化新媒体写作一定要围绕自己设定的定位进行选题策划，而不是想写什么就写什么。正因为你有自己的定位，才聚合了特定的粉丝人群，这些粉丝对你的内容和文风形成了阅读兴趣依赖，一旦你的选题方向偏离了轨道，他们很可能会取消关注。

除了这三类，政府、协会、公益组织现在也都有了自己的官网、官微等新媒体平台，它们的文案选题相对简单，不做讨论。

二、满足读者的多样性阅读需求

新媒体文案选题除了要符合新媒体主体身份，还需要考虑读者的多样化阅读需求。选题符合新媒体主体身份只是一个基本方向，保证写作不偏离媒体定位，而满足读者阅读的多样化需求，则是为了给读者提供更多服务。

每个新媒体平台虽然都有自己的基本定位，但因为读者有多样的阅读兴趣，仅仅提供基本阅读内容是远远不够的。如果不能满足读者的多样化阅读需求，他们就会到其他平台去寻找相关内容。因此，在进行写作选题时，深度研究读者群，充分了解他们的兴趣点，能有效增加读者黏性。

对于读者群的研究应从以下几个维度入手：年龄、性别、受教育的程度、兴趣点等。以微信公众号"红糖养生"为例，这个微信号旨在通过传播红糖文化、宣传红糖养生知识来推广自己的品牌，其粉丝群体为年龄在 16 岁至 50 岁的女性。对于这样一个庞大的群体，反复传播红糖文化和红糖养生知识显然比较单调，对读者的吸引力难以持久。因此，写作者经常会策划一些情感类选题，如一篇名为《最甜美，50 年 20 部爱情电影里的经典镜头》的文章获得了 10W+ 的阅读量。

案例 2-1

职场不相信眼泪，要哭回家哭

第二节 新媒体文案选题策略

一、从定位入手

每个新媒体平台或账号都有自己的定位,因此,紧扣自己的定位进行选题策划是其主要方法之一。新媒体文案工作者要思考所选的这个选题能否让读者的认知符合平台的定位。如果平台的定位是关注职场女性成长,选题却集中在婆媳关系、反腐热播剧的评论或者家庭健身的干货,偶尔推送健身房里的搞笑视频或接零食广告就显然是跑偏了。

例如,《互联网周刊》曾在微信头条上策划了一个选题:"风口上的区块链,是颠覆世界的技术,还是一场骗局?"2018年以来,随着比特币被人们热烈讨论,区块链这个非常专业的词汇开始进入大众视野,搜狐、新浪这样的大众媒体以及不少财经类、科技类媒体都对其有相关报道,目的是让人们了解这项技术及其应用。《互联网周刊》作为该行业的权威媒体,此时发表这样一篇有深度、有高度的文章,不仅显示了该刊的权威性,更显示了该刊的专业性。文章的最后,表明该刊对于区块链技术以及比特币的态度,视野开阔,立场鲜明。

知识拓展:
互联网周刊

案例 2-2

风口上的区块链,是颠覆世界的技术,还是一场骗局?

二、关注热点事件

热点指的是广泛受群众关注的新闻等信息,时政、经济、军事、体育、娱乐、科技、市井社会等领域均可能发生热点事件。热点事件是读者关注的焦点,因此,从热点切入已经成了所有新媒体文案写作的选题方法之一。

对于公众性媒体来说,关注自己定位范围内的热点是其必做之事,一是比快,二是比写作深度,与传统媒体写作区别不大。所谓"蹭热点",一般指企业营销类新媒体文案写作,企业结合自己的定位抓热点,抓得巧妙,会因为热点效应吸引更多眼球;反过来,如果不谙其道,就会弄巧成拙,成为笑柄。

新媒体文案写作者可以通过专门的 App 来搜集各类热点。《热点排行榜》和《今日十大热点》是两个比较知名的热点内容搜集 App,集合了最新社会热点话题、人物等,有每日及每周的热点词汇、热点事件的最新变化,并可以按照新闻、微博等方式分类显示。

三、必要的选题拓展

　　一个成功的新媒体账号，在策划选题时，除了紧密围绕自己的定位，还需要考虑选题的拓展，就像传统媒体中的《党报》也会有文艺类副刊一样，好的副刊也可以吸引一大批忠实读者。

　　以《互联网周刊》微信号为例，如图 2-1 所示。分析一下《互联网周刊》微信公众号的读者群体，不难发现该公众号上有些文章的选题就是定位的拓展与延伸，以满足读者更多的阅读需要。

图 2-1　互联网周刊

四、垂直方向深度挖掘

　　垂直方向深度挖掘是一个做选题的有效方法，尤其在今天这个人人都在做自媒体，人人都感到选题难做的时代。

　　从一个行业或某个更小领域去做选题的垂直深挖，是行业媒体、企业媒体常用的方法。

五、借鉴同行文章和爆款文章

　　这个方法不能简单地理解为天下文章一大抄，而是从别人那里获得灵感。新媒体写作不像写学术论文那么严肃，适度吸取别人的成功经验是可以的。

　　借鉴同行的文章，首先要关注做得好的同行的新媒体账号，因为定位相似，用户群体也相似，同行做得好的选题是经过验证的，可以借鉴。

　　此外，有些好的选题是能够跨越行业限制的，选题时可以借鉴爆款文章，寻找灵感，尝试变换场景和人物,合理揉进你的内容。

例如,"柠檬精"是一个网络流行语,在 2019 年入选《咬文嚼字》"2019 年十大流行语"及国家语言资源监测与研究中心发布的"2019 年度十大网络用语",意思是指嫉妒别人的人,现多用于自嘲式地表达对他人从外貌到内在、从物质生活到情感生活的多重羡慕。不少新媒体做了关于"柠檬精"的选题,如图 2-2 所示。

图 2-2 "柠檬精"选题

案例 2-3

携手快看漫画 人民日报《2020,通往春天的路》刷屏背后……

第三节 新媒体文案写作准备

一、新媒体文案写作步骤

很多新人接到文案写作任务后都是埋头写作,写出来后被要求修改的概率非常大,甚至出现与宣传目标背道而驰的情况。因此,写文案不是文笔好就可以,一定要有明确的工作方式。在写文案之前,先要弄清楚所描述的产品或者服务当下能解决的主要问题是什么,然后用受众能够理解的语言表达清楚。

新媒体文案写作的步骤可分为明确账号定位、明确文案写作目的、列出文案创意简报、输出文案创意、文案复盘五步。

（一）明确账号定位

为什么策划选题时要先明确账号定位？因为定位是一个账号的顶层设计，没有准确的账号定位，就没有选题思路可言。对于如何为账号定位，可从以下几点入手。

1. 确定运营目标

目标是让新媒体文案人员清楚自己做这个账号的目的是什么，是早日获得变现、增加品牌曝光度，还是建立基于兴趣的社交平台。

例如，"网易王三三"这个微博账号的运营目标是"提高网易新闻品牌在18～25岁年轻用户群中的品牌认知"，因此其运营的要点就是：抓住年轻用户的喜好、增加品牌曝光次数、以大众化的内容获得内容的广泛传播。

2. 资源盘点

对资源进行盘点时新媒体文案写作人员需考虑以下两个问题。

（1）思考自己对哪个领域的话题有独特的了解。独特的了解是指超越一般用户平均程度的理解，即你在哪个领域比你的受众懂得更多。

（2）思考自己最擅长输出哪种形式的内容。有的人擅长写文章，有的人擅长摄影和做视频，不要单纯因为哪种内容形式流行就不假思索地去做。

3. 市场分析

新媒体文案人员要依据资源盘点的情况，选取一个方向作为起点并进行分析。比如网易王三三基于运营目标和所拥有的资源，首先选取了青年文化领域作为方向，然后通过分析这一方向上已有的品牌，明确了自己的细分市场。当时，同属青年文化领域的账号有Vice、公路商店、BeeBee等，他们的视角更为小众。网易王三三选择做"更主流年轻人的亚文化"，实质上所选的市场更大众化，一定程度上填补了这个方向上的市场空白。值得注意的是，细分市场切忌分得太小，以免用户总量有限。

4. 市场定位

进行市场定位时，新媒体文案人员要从以下几个角度思考。

（1）产品策略。新媒体文案人员要考虑选择什么话题、视角、语言体系和文风，才能让受众觉得自己是独一无二的，所创作内容的独特卖点是什么，如网易王三三的卖点就是大脑洞以及在内容和形式上的创新。

（2）渠道策略。新媒体文案人员要考虑在哪里、用什么样的内容触及目标用户。微信不是唯一的战场，网易号、QQ空间、哔哩哔哩、微博等平台都有各自的媒体生态，适合发布不同的内容。

（3）价格策略。新媒体文案人员要考虑如何实现变现，做电商、接广告还是通过与品牌合作。如果没有变现的可能，自媒体账号是很难持续做下去的。

（4）促销策略。新媒体文案人员要考虑怎样在不同的阶段实现用户增长，是原创爆款、互推合作还是花钱做推广。通常来说，新账号想实现用户积累必须靠原创内容。

5. 调整定位

最初确定的账号定位只是起点，定位需要在实践中持续迭代。如网易王三三这个账号开始只是定位于年轻人，但不清楚是对哪些内容感兴趣的年轻人，在实践中才将目标用户聚焦为对电影、漫画、书籍感兴趣的年轻人。

思考与练习：你关注的微信订阅号有哪些？它们的运营目标是什么？

（二）明确文案写作目的

1. 确定写作目标

新媒体文案人员在写内容时首先要确立写作目标，即希望所写的内容达到什么效果。通常来讲，文案写作目标可以分为以下四类。

（1）自我讲述。围绕个人兴趣进行观察、评论，比如"六神磊磊读金庸""姜汁满头""拳王的故事"等。

（2）品牌推广。重在树立品牌形象、打造品牌价值，比如"人间""正午""单读""理想国""公路商店"等，这类媒体在主题选择、标题拟定、排版等方面的标准不是以文案写作者的个人兴趣来确定的，而是立足于品牌定位的需要。

（3）传达消息。常见的类型有时政评论、行业分析、垂直领域资讯等，比如"浪潮""品玩"。

（4）产品营销。这主要是指发布一些营销类软文，提高产品知名度和销量。

2. 做好文案选题

新媒体文案人员工作的出发点应该是生产优质内容并推荐给更多的人阅读。优质内容生产和传播的前提是要有好的选题。好的选题应该具备可读性、价值、信息增量和价值观四大典型特征。

（1）可读性。可读性是选题的卖点，即可读性高的选题能够引起很多人的关注，并形成广泛传播。可读性由以下几个要素组成。

① 时效性。从狭义上讲，时效性是指新闻发生的时间距离该新闻被报道的时间间隔的长短。从广义上讲，时效性是指作者是否最早获取线索、进行价值判断，以及最早进行调研、写作和传播。在移动互联网占据主流阵地的今天，信息更新周期已经从日加速到秒，这也让选题的时效性变得更为重要。

② 贴近性。选题所关注的事件要与受众密切相关，比如健康类选题《网传午睡时间不能超过30分钟？是时候告诉你真相了》《大热天不能喝凉水？夏天必知的30个饮食小知识》。

案例 2-4

网传午睡时间不能超过 30 分钟？是时候告诉你真相了

③ 冲突性。一般情况下，文案中出现的冲突越激烈，越容易吸引受众的眼球。冲突包括人与人之间的冲突、人与环境的冲突、价值观的冲突等。比如，中央政法委官方账号"长安剑"中的一篇文案《恐怖分子把匕首插进武警战士的嘴里时，这位武警开了枪》，因为冲突非常激烈，阅读量也自然飙升。另外还有揭露社会招聘出现问题的选题，如《人民日报》官方微信号中的文案《月薪 2500 招临时工，还要研究生学历？官方回应来了……》。

④ 情感共鸣。选题中具备丰富的情感元素容易引起受众共鸣，特别是一些涉及老人、儿童及其他弱势群体的选题，容易引起较多关注。比如《人民日报》官方微信号推出的工作与亲子陪伴选题文案《宝贝对不起，放下工作养不起你，拿起工作陪不了你……》、"罗辑思维"推出的文案《罗胖 60 秒：想要意外之喜，请接受现状》。

⑤ 名人效应。选题中涉及的主人公知名度越高，传播效果也就越好。比如，爱岗敬业主题的文案《这封信让董卿当场落泪！96 岁泰斗仍每周 3 台手术，网友也哭了》。

⑥ 神秘性。未知比已知更容易传播，选题中的神秘效应是文案广泛传播的一个重要条件。比如公益活动宣传主题的文案《我们把一箱硬币放在广州街头，供路人自取，结果出乎意料……》。

⑦ 趣味性。在休闲时间投放有趣的选题，也容易激发受众的兴趣。"视知 TV"推出的动画主题的文案《三分钟看懂中国官员级别》，把一个严肃的政治话题变得轻松活泼，获得十万多的点击率。

（2）价值。仅仅追逐选题的卖点，容易陷入"负面扎堆"的选题环境中，因此，必须同时强调选题的价值，即强调一篇文案发出去后影响了多少人，影响了什么样的人，影响到什么程度。

（3）信息增量。信息增量是文案给受众提供的"欲知""应知""未知"的内容。换言之，是不重复其他新媒体平台已经发布的信息，不说正确的废话。新媒体文案提供信息增量，主要体现在以下两个方面。

① 角度。角度是对同一事件的不同看法。新媒体是一个充分体现作者个性的平台，独到的视角尤为重要。在当下新媒体环境中，每个媒体都在寻找自己的性格和特色，有独特调性的媒体更容易吸引读者的眼球。新媒体文案人员如果经常从意料之外、情理之中的角度进行文案写作，久而久之就会形成自己的品牌。

② 深度。我们处于一个知识过载的时代，大家可以通过各种手段获取自己所需的资料，不过大家又都容易犯懒，如果新媒体文案人员可以给出深入的观点，提供知识增量，就会吸引更多的读者。

每一篇文案都要争取把所报道的事件上升到现象，提炼概念并分析规律、趋势以及解决方案等，形成所谓的"述""论""道"三个层次。

（4）价值观。新媒体文案的选题要传递正确的价值观，不能为了点击率制造虚假新闻、散布谣言、发布低俗信息等。

（三）列出文案创意简报

列出文案创意简报是新媒体文案写作的重点，简报中主要需明确以下三点。

1. 对谁说

"对谁说"是进行目标人群分析，明确哪些人是潜在的读者，这些人具备什么特征，具体包括他们的文化水平、家庭地位、社会角色、职业、年龄、经济环境、个性、爱好、价值观、购买产品的动机等。这些特征越具体，目标人群的定位就越清晰，新媒体文案写作就越有针对性，传播效果也就越好。

2. 说什么

"说什么"是新媒体文案写作的核心。在这个过程中，新媒体文案人员要借助 SWOT 分析法、思维导图等工具，与竞争对手对比，与自己以前的产品对比，挖掘产品的卖点；同时要通过头脑风暴、线上线下调研等方式，找到最恰当的卖点呈现方式去说服、感染目标受众，使他们信任自己的产品、服务或者品牌，从而引发购买。

通过"对谁说"和"说什么"，找到客户痛点、痒点、兴奋点三者之一与产品卖点之间的对应关系，这就完成了文案策划一大半的任务。

3. 在哪儿说

"在哪儿说"是根据受众特征和需求、说的内容和方式选择恰当的平台，在合适的时间进行发布。

> **思考与练习**：如果你准备在朋友圈推广《我不是药神》这部电影，你可以通过哪些渠道查看同行的广告创意？

（四）输出文案创意

在明确了文案写作目的、目标人群、竞争对手以及自身卖点后，新媒体文案写作者找到本次文案需要解决的问题，结合媒体投放渠道的特性进行创意思考，最后完成文案的写作输出。

（五）文案复盘

复盘即对已做过的工作内容进行梳理、总结。文案复盘时，新媒体文案写作者可以通过新媒体平台数据、目标人群反馈将已完成文案的优点和缺点进行总结分析，将收获用于下一次文案写作中。

二、新媒体文案写作准备工作

（一）竞争对手分析

对市场进行调研后，新媒体文案的写作分为两种情况：一种是没有直接的竞争对手（在现在市场饱和度较高的情况下，没有竞争对手的情况很少），这时的文案为新产品服务，若文案详细介绍商品特征、全方位展示产品，体现其独特性与"新"的特点就足以吸引受众；另一种是有竞争对手的情况，这也是最常见的情况。这时就需要对竞争对手进行详细分析，看看对方做了怎样的文案，有什么特点，而自己又该如何应对，才能让做出的文案与其平分秋色甚至更胜一筹。

在有竞争对手的情况下，文案写作人员应持续关注竞争对手的文案，分析其每一次推出的文案的创意点、市场影响力、受众接受度，列出价值点，找到其价值链中的空白，再结合自身文案分析优势与劣势，保持优势，改善劣势，提高自身的竞争力。

案例 2-5

看见文字的力量

（二）新媒体文案卖点提炼

当竞争对手的特点以及自身的优势确定后，就可以对产品或者服务的卖点进行挖掘提炼。产品卖点就是商品具有的别出心裁或与众不同的特点。卖点既可以是商品与生俱来的特点，也可以是通过创意与想象力创造出来的卖点。这就要求文案中产品的卖点符合目标人群的需求，能够与竞争对手有区别。常用的提炼文案卖点的方法有以下几种。

1. 使用 FAB 法则分析卖点

FAB 法则，即属性（feature）、作用（advantage）和益处（benefit）法则，它是一种说服性的推广技巧，在文案卖点提炼中也十分常用。

一般来说，营销类新媒体文案从商品的属性来挖掘卖点是最为常用的方法。每个商品都能够很容易地发现 F，每一个 F 都可以对应一个 A 和一个 B。需要注意的是，受众最关注的往往是商品的作用和直接的收益。

以一款不锈钢炒锅为例，该炒锅使用具有良好耐热性、耐腐蚀性的 304 不锈钢生产而成，钢体结构有 7 层，包括最底层的菱形纹蜂窝不粘层和纳米钛黑生物膜，可以让这款不粘锅的不粘无烟效果达到全新的高度。这是因为在蜂窝保护层的分隔作用下，减少了食物与锅面的接触面积，从而形成了气体悬浮，达到真正的自离式不粘锅。通过 FAB 法则进行分析后，可得到该产品的卖点为 F——材料优质、工艺先进；A——不粘锅、少油烟；B——易清洗、健康节能。

2. 使用九宫格思考法分析卖点

九宫格思考法是一种发散性思维的思考策略，利用一幅类似九宫格的图，将主题写在图的中央，然后把由主题所引发的各种想法或联想写在其余的格子中，让思维向剩余的 8 个方向去发散，从而产生 8 种不同的创意，如图 2-3 所示。

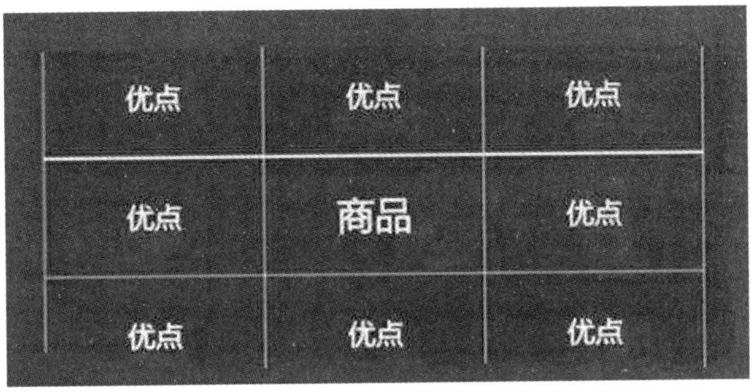

图 2-3　九宫格思考法

（1）九宫格思考法的原则。使用九宫格思考法进行文案策划时，应注意以下 8 项原则。

① 想到就写。只要是围绕核心主题产生的联想都可以填写到主题以外的其他 8 个格子中。

② 用词简洁。为了使九宫格中的信息清楚且易懂，文案策划人员应该使用简洁的文字或关键字进行描述。

③ 尽量填满。九宫格是文案策划人员围绕核心主题进行思维发散的一种解决问题的方法，为了给核心主题提供更多的想法，应该尽量将每一个格子都填满，以便提供尽可能多的思路。

④ 重新整理。第一次填写的九宫格可能会存在逻辑不正确、点子不适合等问题，此时可以重新思考并整理，以建立更好的九宫格模型。

⑤ 使用颜色。使用不同的颜色来分类，不同类型或不同效果的点子颜色不同，可以让思路更加清晰。

⑥ 适时修正。当掌握了九宫格的使用技巧后，使用者也能联想到更多的想法，因此经常修正九宫格的答案，对使用者的实际行动更有帮助。

⑦ 放慢思考。九宫格中的每一个格子都可以让使用者在某个核心概念下收敛与过滤重要概念，因此使用者可以适当放慢思考的速度，以获得更符合实际需求的答案。

⑧ 实际行动。九宫格的最终目标是提供一个有效的行动指南，因此要求能够体现实际的核心主题。

（2）九宫格的填写方式。九宫格图有助于人的思维发散，新媒体文案人员在写作前可以先准备一张白纸，然后用笔将整张纸分割成九宫格，用九宫格思考法创作新媒体文案，把主题词写在正中间的格子内,再把由主题所引发的各种想法或联想写在其余 8 个方格内,这样可以突出这款商品的众多卖点。

对于新媒体文案创作,使用九宫格思考法时可以采取下面两种填写方法。

① 按顺时针方向填写:按照顺时针方向把自己所想到的要点填入方格,循序渐进、由浅入深地对商品进行挖掘。

② 从四面八方填写:将自己所想到的要点填入任意一格,不用刻意思考这些点之间有什么关系。

(3) 填写九宫格的注意事项。如果 8 个方格填不满,可以尝试从不同角度进行联想。如果 8 个方格不够填,可以继续绘制九宫格图进行补充填写。

在填完九宫格后,可以对所填内容进行整理,分析每个要点的主次并做出取舍。对于不明确的要点,也可以重新修改。这就是九宫格思考法的好处,它可以让文案创作者尽情地发散思维,对每一项要点进行思考、细分和扩展,达到一步步完善文案内容的目的。

对于新媒体文案来说,很多时候并不能直接把商品的所有优点都表达出来,通常情况下,需要对其进行多重包装和强化。如果某一商品的优点太多,最好的方法就是强化其中一个或几个突出的功能,这样更容易让读者记住文案。

另外,对受众记忆点的使用要因地制宜。例如,文案如果用在海报或者推广图上,其记忆点不要超过 3 个,但如果文案在详情页上使用,则要尽可能多地展示出所推广商品的优势。

案例 2-6

一款迷你空气净化器文案

3. 使用型录要点延伸法分析卖点

型录要点延伸法是在电商文案中经常使用的一种方法,它将商品特点以单点排列开来,再针对单点展开叙述,它能丰富文案的素材、观点,为文案提供资料来源。它和九宫格思考法有一定联系,如果说九宫格思考法引发的是对商品卖点的思考,那么型录要点延伸法更像是对那些卖点的展开和内容扩充,它可以使文案内容更加详细、细致。

在使用型录要点延伸法时,也可通过图形将其表示出来,这样有助于观点的梳理。

型录要点延伸法常被使用在详情页文案的创作过程中,这里以 Oral-B 的一款电动牙刷为例进行型录要点延伸法分析。已知该款牙刷是德国进口商品,可以通过蓝牙连接手机 App,以同步反映牙齿区域的清洁情况,每次的刷牙记录,预设刷牙偏好,特殊牙齿区域特殊处理等;牙刷刷头采用小圆头设计,转速为 48 800 次/分,采用 3D 声波洁齿科技,能 360°清洁牙齿;牙刷有日常清洁模式、牙龈按摩模式、敏感护理模式、亮白模式,用户可以根据自己的需求自由选择,其要点延伸如图 2-4 所示。

图 2-4　电动牙刷的型录要点延伸

通过这样的延伸，可以看出该商品的卖点变得更加清晰，有助于文案人员深入思考。此外，它在电动牙刷市场有很多竞争对手，文案人员还需要结合竞争对手的文案，在全面展示商品卖点的同时找出自身最有竞争力的那个卖点，让它变成最佳的创意点去吸引消费者。

知识小助手

新媒体文案中的电商文案竞争非常激烈，特别是商品详情页文案，很多品牌商品在详情页中都会列出它们商品的诸多优点，因此，熟练运用型录要点延伸法分析商品优点、找出最佳卖点对增强商品竞争力十分重要。

4. 关联消费者痛点

痛点是指消费者对商品或服务的期望没有被满足而造成的心理落差或不满。这种不满最终使消费者产生痛苦、烦恼、失望等负面情绪，为了解决消费者的这种"痛"，就需要出现能解决这些痛苦的商品或服务。文案人员要在写作过程中通过文字描述展现出消费者痛点的解决方法，将其与商品卖点联系在一起，这样才能快速打动消费者，刺激其产生购买行为。

例如，对婴儿纸尿裤的消费者来说，半夜总起来换纸尿裤是一件很痛苦的事情，因此，在写作文案时可重点针对这一痛点，使用"超薄瞬吸　整晚精致睡眠""绵柔贴合　安眠一整晚"等针对睡眠的文案就能表达出解决消费者痛点的目的；而针对一些对纸尿裤质量存在担忧的消费者，则可以使用"拒绝红屁屁""干爽不起疹"等文案打消消费者的疑虑。

知识小助手

痛点需要在了解自己和竞争对手的商品或服务的基础上，结合消费者需求进行差异化分析，这是一个长期观察和挖掘的过程，需要耐心和坚持。

 复习与思考

1. 简述新媒体文案选题原则。
2. 简述新媒体文案选题策略。

3. 简述文案写作的步骤。
4. 简述新媒体文案卖点提炼方法。
5. 简述 FAB 法则。
6. 简述九宫格思考法的原则。

技能实训

实训题目

新媒体文案选题策略与写作准备实训

实训目标

（1）能够通过教师讲解、案例讨论掌握相应知识点。
（2）初步学习团队合作，发挥每一个团队成员的能力，学习小组讨论、分析评价的方法，并对讨论问题进行记录和文字小结，完成案例讨论。
（3）能够形成初步的独立思考能力。
（4）能够培养初步的自主学习能力。

实训内容与要求

（1）由教师介绍实训的目的、方式、要求，调动学生实训的积极性。
（2）由教师布置模拟实训题目，题目如下。
如果去参加新媒体文案岗位面试，面试官要求用一分钟的时间介绍自己，你要怎么讲才能突出自己的优势呢？
（3）对学生进行分组、确定各小组的组长和人员分工，学习小组学习方式，制订小组计划，了解团队要做什么，要达到什么目的。
（4）由教师介绍新媒体文案选题与写作准备的相关案例及讨论的话题。
（5）各小组对老师布置的问题进行讨论，并记录小组成员的发言。
（6）根据小组讨论记录撰写讨论小结。
（7）各组相互评议，教师点评、总结。

实训成果与检测

（1）成果要求。
① 提交案例讨论记录：教学分组按 3～5 名学生一组，设组长 1 人、记录员 1 人，每组必须有小组讨论、工作分工的详细记录，以作为考核成绩的依据。
② 能够在规定的时间内完成相关的讨论，学习团队合作方式，撰写文字小结。
（2）评价标准。
① 上课时积极与老师配合，积极思考、发言。
② 认真阅读案例、积极参加小组讨论、分析问题思路较宽。案例分析基本完整，能结

合所学理论知识解答问题。

③ 团队配合较好，积极参与小组活动，分工合作较好。

参考文献

1. 喻斌. 新媒体写作教程[M]. 北京：中国传媒大学出版社，2018.
2. 陈倩倩. 新媒体文案写作与编辑[M]. 北京：中国人民大学出版社，2019.
3. 李华，廖晓文，贾悟凡. 新媒体写作与传播：文案写作 图文编辑 内容传播[M]. 北京：人民邮电出版社，2019.
4. 宋俊骥，孔华. 电子商务文案：创意、策划、写作[M]. 北京：人民邮电出版社，2018.
5. 孙清华，吕志君. 电商文案写作与传播[M]. 北京：人民邮电出版社，2019.
6. 廖敏慧，吴敏，李乐. 电子商务文案策划与写作[M]. 北京：人民邮电出版社，2019.
7. 张国文. 打动人心电商文案策划与视觉营销[M]. 北京：人民邮电出版社，2017.
8. 兰晓华. 说服力：电商文案这样写才有效[M]. 北京：清华大学出版社，2016.
9. 龚芳，刘宁，焦韵嘉. 电子商务文案策划与写作[M]. 北京：北京邮电大学出版社，2018.

第三章

新媒体文案写作

 知识目标

- 学会拟写新媒体文案的标题；
- 掌握拟写新媒体文案开头的写作技巧；
- 掌握拟写新媒体文案正文的写作技巧；
- 掌握拟写新媒体文案结尾的写作技巧。

 重点及难点

重点
- 新媒体文案标题、开头、正文和结尾的写作类型；
- 新媒体文案标题、开头、正文和结尾的写作技巧。

难点
- 运用新媒体文案写作的相关知识分析问题、解决问题。

倾听"95后"，大学酷不酷其实无所谓

第一节　新媒体文案标题写作技巧

在互联网时代，用户掌握着浏览信息的主动权，在面对大量的信息推送时，他们通常只选择自己感兴趣的话题阅读。一篇文案，相同的正文，不同的标题所达到的效果会相差好几倍。因此，新媒体文案拥有一个能吸引受众注意力的标题十分重要。

一、新媒体文案标题的作用

一般情况下，标题不能仅凭一些写作手法、文字技巧赢得受众的注意，同时，它还应该具备其他功用，如这样的一个文案标题《制作出醇香松软的蛋糕有哪些诀窍？》，它说明了本文案提供了制作蛋糕的秘诀，吸引了蛋糕制作爱好者的阅读兴趣。能提供有效信息的好标题自然能激发受众的兴趣。在新媒体文案的标题写作中，标题应具备以下6个功能。

（一）吸引注意力

无论哪种文案形式，人们看到标题的第一眼就会在心里迅速分析该文案与自己有无关联、它提供了什么信息、能带来什么好处，好的标题要凭借第一印象来赢得受众的关注。因此，新媒体文案要通过标题把读者所期许的结果提前告诉他，才能真正打开吸引受众阅读的第一道门。

（二）筛选受众

在写作新媒体文案标题时，要针对受众来设置标题。例如，一款老花眼镜产品做微商营销，将文案标题设置为《戴上它，还你清晰视界》，从标题虽然可以看出它是眼镜产品，但它针对的受众不明确，只会让受众以为它是普通的近视眼镜，若将标题改为《老眼昏花？你的父母因你的选择而改变！》就能让人清楚知道这是针对老年人的老花眼镜产品了。又如，佳洁士儿童牙膏文案的标题为《帮助孩子击败蛀牙》，这句话直接将想要购买预防蛀牙、消灭蛀牙牙膏的父母从其他父母中筛选出来并且吸引他们读下去，甚至产生购买欲望，这就达到了佳洁士牙膏文案的目的。

（三）突出重点

对于新媒体来说，文案标题是搜索的关键，如果文案标题设置不当，读者就不易找到该文章。而文案标题的重点就相当于亮点，也就是文章特色，能够使人产生深刻的第一印象。

例如，新媒体营销中的很多商品通常都是靠一个核心卖点成为热销品的，甚至一个卖点足以成就一个品牌。因此，在新媒体商品文案中能否寻找到恰当的卖点，是能否使商品畅销、建立品牌的重要因素。而作为受众最先接触的标题，如果在其中加入卖点就会产生更好的宣传效果。

(四)传达完整信息

传达完整信息是指文案标题内容要符合正文主题。有些受众只喜欢看标题,或是没有时间阅读正文,这时,如标题涵盖了正文内容,做出一个完整的表述,就能达到标题推销的作用,如一款冷暖气机的文案标题《为您省下一半的冷气与暖气费》。

(五)创意新颖

在讲究创意的时代,新媒体文案的标题撰写也要抓住这一趋势,表达出独特的创意,才能在一瞬间抓住受众的眼球。同时,标题只具有创意还不够,还应该把文案的信息鲜明地表达出来,这样才能打消受众的疑虑,让他们毅然地点击阅读。当然,对新媒体文案作者来说,只要做到这些,那么你的新媒体文案就已经成功了一大半了。

(六)引导受众阅读正文

标题的一大作用在于引起受众阅读正文的兴趣,这就要求标题要激发受众的好奇心,可以利用幽默、吊胃口、提问的语言方式,也可以承诺提供给受众奖赏、新消息或有用的信息。例如,一款面霜产品的标题《只要花5美元就能享受美容手术的效果》让受众对文案描述的是什么商品感到好奇,同时对文案描述的这种美容效果持怀疑态度,这反而激起受众的求知欲。再如,某丝袜产品的文案标题《你见过能装菠萝的丝袜吗?》就让受众对这种不勾丝、不破洞的丝袜产生了兴趣,从而增加了文案的点击量和浏览量。

知识拓展:
结果型标题公式写作

二、常见的新媒体文案标题类型

无论正文文案有多优秀或者其介绍的商品有多杰出,如果文案标题无法吸引读者的注意力,推广就无法成功,拥有能够吸引注意力的文案标题才是新媒体营销成功的关键要素。常见的新媒体文案标题类型包括以下几种。

(一)直言式标题

直言式标题就是不玩文字游戏,直接表明商品宣传意图的标题。这种标题开门见山,直接告诉受众他会获得哪些利益或服务,让受众一看标题就知道该文案的主题是什么。商家折扣促销活动文案、产品上新文案等就常用这种标题。例如:

麦德龙冬季进口葡萄酒节,好礼相送!

(二)提问式标题

提问式标题旨在用提问的方式引起受众的注意,引发他们思考,加深他们对文案的印象,让他们想要读完全文一探究竟。但值得注意的是,在确定提问的问题时,应从受众的利益点出发,这样才能引起他们的兴趣,否则就很可能让他们产生"关我什么事""与我无关"的想法。提问式标题可以是反问、设问,也可以是疑问,有时甚至可以用明知故问的方式来表述文案的主题。例如:

穿裙子,怎么穿才可以不冷还时尚?

既然每天要喝水，为什么不用哈磁杯？

（三）诱导式标题

这种标题就是不直接言明目的，而是先勾起受众的好奇心再用文案内文为感到好奇的受众进行解惑，让受众恍然大悟，加深其记忆。例如：

谁说大衣只能配高跟鞋？这才是今年的时尚！

想想今天和昨天的洗发感觉有何不同？

（四）标语式标题

这类标题简短有力，主要由广告的标语或品牌名称构成。这种标题大都将产品与其知名度很高的品牌或系列名称挂钩，以助力产品的销售。例如：

喝孔府宴酒，做天下文章。

（五）推新式标题

推新式标题重在体现新消息，较为直白地给受众传递新产品信息，可以用于新商品的问世、旧商品的改良等。例如：

倒计时！距离掌阅全新 iReader 阅读器发布还有 5 天。

苹果 Air 创、新、薄（世界上最薄的笔记本电脑）。

（六）命令式标题

命令式标题的第一个词都是明确的动词。命令式标题有祈使的意味，让受众感觉到这件事的重要性和必要性。例如：

收藏并关注店铺，你会获得×××一个月的使用权。

快领！京东购书优惠券明天过期。

（七）证明式标题

证明式标题就是以见证人的身份阐释商品或品牌的好处，增强受众的信任感，这里的证明既可是自证，也可是他证。该类型标题常使用口述的形式来传递信息，语言通俗易懂。例如：

小魔盒创始人曾辉口述：我把一款专业的传统美容产品做到三千万的秘密。

超过一万八千份体验礼盒试用反馈报告证明，我们的商品至今没有产生过敏、刺激等不良反应！

（八）导向式标题

一些文案的正文常用明确清晰的思路直列产品特点，这种写作方法简单又有效，这时就可通过展示明确的目标来撰写标题，可运用"为什么""原因""理由"等字眼来突出产品的重要性。例如：

学会这三个步骤，从此不再为上班穿搭而烦恼！

一定要买羽绒服的六大理由。

（九）数字式标题

数字式标题就是将正文的重要数据或本篇文章的思路架构整合到标题。数字式标题一方面可以利用吸引眼球的数字引起受众注意，另一方面可以有效提升阅读标题的效率。例如：

10个容易被忽略的Excel小技巧，挺实用！

4个微信小技巧，职场人一定要学好。

> **思考与练习**：假如你是学校新媒体社团负责人，今天校园新媒体创业大赛圆满结束，参赛的18支队伍中有5支获得投资，3支将代表学校参加国家级别的新媒体创业大赛。现在需要推送一篇宣传文案进行本次创业大赛的报道，请用我们介绍的上述方法拟出标题，并和同学分析哪个标题效果好。

三、常见的新媒体文案标题写作技巧

在信息过剩的时代，标题就是要让人一秒钟看明白你要讲什么，否则，整篇文案就很容易被忽略掉。新媒体文案标题写作要击中用户的痛点、痒点和兴奋点，同时要具备真实和精彩的特征，这样才能提高文案的阅读量。因此，想要写出诱人的新媒体文案标题，应该掌握以下几个标题写作的技巧。

（一）善用符号、数字

标题中的符号可以分为两种，一种是真正意义上的符号——感叹号或疑问号，另一种就是"最"这样的字眼。符号能给人强烈的感官刺激，促进受众点击的欲望。当然在使用符号的时候一定要避免夸大其词，不然很可能被认为是标题党，从而影响口碑。例如：

口碑炸裂！中国观众给这部电影打了史上最高分！

我如何把网络课程卖出1000万元？

互联网信息繁多，受众需要迅速查找干货，让自己快捷地接收到信息。善用数字的文案标题能够激发受众点开文章获取信息的欲望，而且这样的文章很容易给人一种信息全面且权威的感觉。

例如，一则文案旨在通过对一些技巧的讲解来吸引文案写作新手关注自己的微信，故将标题设为《好文案与差文案的区别》或《优秀文案写作人员与一般文案写作人员的区别》。虽然这样的标题也能吸引到一些读者，但若将其改为《月薪3000与月薪30000的文案写作人员所写文案的区别》，这时，数字带来的效果就更为明显了。再如标题《鞋子有三百四十二个洞为什么还能防水？》，将其中的数字用阿拉伯数字的形式表现出来《鞋子有342个洞为什么还能防水？》，就会发现数字相比文字更容易让人一眼看到并记住。

知识拓展：
符号化标题小技巧

（二）类比

所谓类比，就是由两个对象的某些相同或相似的性质，推断它们在其他性质上也有可能相同或相似的一种推理形式。它是一种主观的、不充分的似真推理。运用好类比这种方法能让人快速明白你想说什么，而且能对你的标题和文案产生熟悉感和阅读兴趣。例如，中华豆腐的文案标题《慈母心，豆腐心》和松下电器店的《静得让你耳根清净》，可见有时候将产品类比到某些情怀上时能收到触及受众心灵的效果。

（三）对比

对比法通过两种产品之间的差异对比来刺激人的感受，引起人的重视。对比法不只是常见的创意手法，也是文案标题的常用技法，它能增强标题的表现力，引起受众的阅读好奇心。例如：

历经无数的奢华，最为珍贵的还是那碗艇仔粥！

尝过这枚凤梨酥，其他的都是将就。

看过世界更爱中国！

（四）讲故事

很多文案写作人员都是讲故事的高手。一则文案标题本身就是文案故事的浓缩版，标题中故事情节的转折，可以勾起读者的好奇心和阅读欲望。有时文案写作人员也常用故事性标题，暗示一个引人入胜的故事即将开始。例如长城葡萄酒经典文案：

三毫米的旅程，一颗好葡萄要走十年

（五）借助热点

人们对热点有种本能的追逐心态，紧跟热点是写作新媒体文案标题时的常用技巧，文案写作人员可通过对热点节目、人物、事件的利用达到吸引人阅读的目的。例如：

维密秀上最应该成为热点的不是摔跤，而是这套青花瓷

借助热点还有一层含义就是通过热点事物与文案主体建立联系，形成一种自然而然、合二为一的观感。但文案写作人员在写作时一定要注意端正态度，不能一味追求热点而成为"标题党"。

（六）接地气

所谓接地气就是与受众紧密联系，使用受众熟悉的、有新意的语言写作标题，让受众从直觉到内心都接受、认可文案及产品。总结起来就是标题要通俗易懂，让大多数人看得懂，不要太专业，太专业的描述反而会让受众觉得这与他们的联系并不大，从而丧失阅读兴趣。例如：一则锂电池文案的标题原本这样写道《全气候电池革命性突破锂电池在低温下性能的局限》，使用接地气技巧进行修改后则为《我们发明了"不怕冷"的锂电池》，后一则标题将锂电池拟人化，明显更加容易理解，展现了新锂电池的特点——"不怕冷"，让受众一下就明白了该文案想要表达的内容，相比前一则标题更能引起受众的兴趣。因此，撰写标题要遵循这种将复杂描述简单化、通俗化的"接地气"原则。

无论哪一种文案写作，都需要写作人员勤加练习，特别是文案新手缺乏经验的积累，更应该专心磨炼。写作文案标题是有技巧的，可按上文所讲的方法，采用某一种技巧或将几个技巧进行整合，如"数字+对比""名人/热点+符号""归纳+数字+符号"等，尽量多写一些标题，然后从中挑出好的、符合要求的标题。大部分人只要经常练习，就能掌握这些写作技巧，写出夺人眼球的好标题。

> **思考与练习**：请思考下面取得较好传播效果的标题用了哪些写作技巧。
> 1. 《三张图告诉你：什么叫换位思考》（阅读量10万+）
> 2. 《这就是现实"战狼"！》（阅读量10万+）
> 3. 《我今年25岁，在北京有过7套房》（阅读量10万+）
> 4. 《中国共产党入党誓词谱成歌曲，秒杀流行歌！》（阅读量过亿）

第二节 新媒体文案开头写作技巧

新媒体文案开头具有承上启下的作用。一方面，开头要与标题相呼应，否则会给受众"文不对题"的印象；另一方面，开头需要引导受众阅读后文，好的开头是成功的一半。

一、新媒体文案开头的作用

（一）引发好奇

引发好奇，即利用图片、文字等内容吊足受众的胃口，使受众产生继续阅读的兴趣。当受众点击文案标题进入文章后，如果开头索然无味，受众会直接关闭页面。因此，开头写不好，会浪费精心设计的标题。

（二）引入场景

不同的文案有不同的场景设计，因此需要在开头就把受众引入场景。可以通过讲故事、提问题等方式，让受众了解本文案要表达的情感、环境、背景等。

二、常见的新媒体文案开头方式

（一）故事型

从受众的角度来看，读故事是最没有阅读压力的。文案采用故事型开头，就是直接把与正文内容最相关的要素融入故事，并写在开头，让受众有兴趣读下去。例如：

标题：十分的家

开头：

初识时，他给她的第一份礼物是价值不菲的LV包；

热恋时，他给她的礼物是一栋豪华奢侈的别墅；

订婚时，他生意失败一贫如洗，给不起任何礼物。摸着手中的一角硬币，他说：对不起！我给不了你幸福了。她摇摇头，轻轻掰开他的大手，说道：虽然只有一角，可这是"十分"哦。

"十分的爱"陪着我一路走来，今天给你一个"十分的家"！

（二）图片型

文案正文以一张图片开始，可以吸引眼球并增加文章的表现力。文案开头使用一张精彩的图片，可以极大地增加受众目光的停留时间，并提升受众的阅读欲望，如图 3-1 所示。

图 3-1　图片型开头

（三）简洁型

如果文案的标题已经写得很明白，那么开头可以一笔带过，一句话点题即可。例如：

标题：中国哪所大学校区是 5A 级景区？

开头：广西师范大学王城校区是 5A 级景区。

标题：我今晚在斗鱼直播，你约吗？

开头：晚上 9 点，我又要进行斗鱼真人直播了！

（四）思考型

思考型开头，通常以问句的形式，通过向受众提问引导受众带着问题阅读后文。例如：

标题：为什么只有 5%的人可以用个人品牌赚钱？

开头：

网红时代，究竟什么样的草根适合在网上打造个人品牌？

没有基础的人利用工作之余在网上赚钱需要哪些特质？

都在谈"互联网+"，企业网络营销的方法能否被个人所用？

有人说，"成功的方法有很多，而失败的原因却很相似"。最近勾老师和一些曾经信誓旦旦打算做个人品牌的同学进行了深度沟通，发现导致大家无法进行下去的原因，总结起来无非以下五个。

(五) 金句型

发人深思、一针见血的句子，称之为"金句"。在文案开头放入金句，可以直击人心。例如：

标题：你迷茫个鬼啊，还不如去学PPT。

开头：

年轻人经常把一个词挂在嘴边：迷茫。

我不喜欢自己的专业，我好迷茫啊！

我没有名校背景，我好迷茫啊……

没有迷茫过的青春不正常，唯有通过迷茫的挣扎才能找到真实的自我。

问题是有些同学以迷茫为借口，拒绝回到现实。

我的建议：这个时候，不妨去学点什么。

学点东西，心里就踏实一点，就像在攒钱似的。万一哪天真的被命运踢到深渊里，谁一定会救你？不知道。只有脑子里的知识，也许可以让你编成绳索，带你脱身。

道理是懂了，可我该怎么确定自己"该学点什么"呢？

送给你五个原则，简称"两点两线一个面"。

案例 3-1

爆款文案必有金句

三、常见的新媒体文案开头写作技巧

受众被文案标题吸引进来却发现开头平平无奇时，就会产生一种受到欺骗的感觉，从而退出当前页面。那么，怎样才能写出一个精彩的开头，从而留住受众呢？常见的新媒体文案开头写作技巧包括以下几种。

(一) 开门见山

所谓开门见山就是直截了当，直奔主题，不拖泥带水，直接说明文案主题。若是产品文案，则开头直接表述某产品或服务的好处，介绍如何解决某种问题等。这种写作方法常以标题为立足点进行直接的阐释，避免受众产生落差和跳脱感，若标题为疑问句，开头则可以直接回答标题的问题。例如：

标题:"双十一"到啦 猜猜今晚的直播有什么活动?

开头:今晚 7:00,淘宝直播准时开场,不同体型模特现场试穿,高额无门槛优惠券不限量发送,你还在等什么?

(二)内心剖白

内心剖白即把内心的真实想法表露出来。移动互联网时代人与人之间的交流是隔着网络的、有距离的交流,有时候独白的文字反而能拉近人与人之间的距离,打动人心。要在文案中写出内心独白,就需要将文案写成对白或作者的陈述,向受众道出自己的内心活动。一般来说,人物独白会给受众一种正在亲身经历此事的感觉,比较亲切。内心剖白被认为是内心活动的真实反映,不掺杂虚伪和矫情,所以极易给受众以情真意切、直诉肺腑的印象,得到受众的共鸣与信任。

知识拓展:
内心独白型文案开头

(三)以新闻热点引入

热点的运用不仅适用于标题,使用在文案开头也不失为一个吸引受众注意的好办法。例如,在推荐衣服时,从最近的红毯活动、电影节入手,分析明星穿搭,再引入自己的推荐单品;在推荐书本时,从最近的诺贝尔文学奖引入;在品牌推广时,借助节日、新闻热点等。通常,这样的文章阅读量都很高,也很受受众欢迎,所以文案写作人员在写作过程中可以适当地借助热点。一般来说,微博热搜是获取热点信息比较快的渠道,文案写作人员也可酌情考虑从今日头条、百度风云榜、搜狗热搜榜、360 热榜、豆瓣、知乎等渠道获取热点信息。

(四)利用故事

文案开头可以使用富有哲理的小故事或与要表达的中心思想相关的小故事作为开头,一句话揭示道理;还可以直接写故事,然后在其中植入商业内容。例如腾讯视频的软文推广文案开头:

他微信说

"我们分手吧"

"嗯,好",我回

放下手机,我又埋头做事

心里有些空荡荡,却也如释重负

"并没有特别难受啊,外面天气真好,出去玩吧"

失恋的痛苦并非排山倒海一样猛烈袭击,更像南方冬天的雨

一滴一滴,慢慢寒到彻骨

这篇文案以男女分手作为开头,采用叙事风格,不仅能让人放松,还能让喜欢阅读故事的受众觉得这就是小说的情节。

案例 3-2

腾讯视频为北京电影学院开学季制作的故事型文案

（五）借用权威

文案开头借用权威的方法主要包括使用名人名言、谚语、诗词等，或者某个行业的调查数据、分析报告、趋势研究等权威资料，借此引出文案的内容，将其与文案主题相融合，凸显文案的主旨及情感。这种写作方法既能吸引受众，又能提高文案的可读性。

一些软文文案就常用名言名句开头，运用得当不仅能紧扣主题，还会让受众觉得撰写者很有文采，文案充满吸引力。运用这种方法切记不能强拉关系，一定要顺而言之。例如推荐书籍的文案开头：

王小波说："人在年轻的时候，最头痛的一件事就是决定自己的一生要做什么。"

然后顺理成章，自然而然地引出正文，抛出职业规划的主题，这就是名人名言的妙用。

还有些文案借用数据，人们总是更相信数据的权威性和精确性。例如美团外卖文案开头：

"50万合作商家，1000+知名连锁品牌入驻"

（六）设置悬念

这是一种使用较多的文案开头的写作技巧，设置悬念的方法与利用故事创造的效果有点类似，都是比较重视故事的作用。但悬念常与刺激、恐惧联系在一起，这种以悬念故事开头的文案，通常都把吸引读者放在第一位。例如：

一对夫妻穷尽一生积蓄买了一套房，住进去之后却怪异事件频发，皮肤瘙痒、掉头发、失眠、气色越来越差……尝试了各种治疗的方法，都无济于事。

受众读到后面才得知罪魁祸首是甲醛超标，从而抛出文案的主题——一款新上市的空气净化器。这样写作能吊起受众的胃口，是引起受众注意的好方法。

（七）直接下结论

这种技巧是直接在文案开头得出结论，再通过正文推出论据，证明开头的结论。这种开头的好处是文案中心清晰、观点鲜明，受众一下就能知道文案表达的意思。例如一篇鼓励阅读的长文案。

标题：我是一个害怕阅读的人

开头：不知何时开始，我是一个害怕阅读的人。就像我们不知道冬天从哪天开始，只会感觉黑夜越来越漫长。

然后正文中再对此结论进行论证，达到一种引导和总结的目的，使文案结构严谨，更具说服力。

（八）运用修辞手法

修辞手法有很多，包括排比、比喻、夸张、比拟、反问、设问等。修辞手法的运用，可以让文案开头更加生动，例如芝华士的父亲节文案开头：

因为我已经认识了你一生

因为一辆红色的 RUDGE 自行车曾经使我成为街上最幸福的男孩

因为你允许我在草坪上玩蟋蟀

因为你的支票本在我的支持下总是很忙碌……

不同的文案有不同的开头设计，文案写作人员可灵活运用以上开头写作方法，写出充满吸引力的新媒体文案开头。

第三节 新媒体文案正文写作技巧

在对新媒体文案的标题和开头进行设计后，文案的正文写作就可以不用太复杂的技巧，写作时要注意逻辑性，最重要的是要让受众轻松看懂。

一、常见的新媒体文案正文类型

（一）直接式

直接式就是采用直接叙述的方式，不拐弯抹角，不故弄玄虚，文案正文一般直接展示商品特点或能给读者带来的好处。例如，农夫山泉的一句话文案"农夫山泉有点甜"，非常直接，让人一目了然，成功帮助农夫山泉跻身全国纯净水市场前三名，如图 3-2 所示。

图 3-2　农夫山泉文案

直言不讳的简短文案也是一种有力的正文写作形式，脑白金那句耳熟能详的文案可以说是经典的示例——"今年过节不收礼，收礼只收脑白金"，简单直接，提高了脑白金的知名度，让不少人在过年过节时会优先考虑选择脑白金作为礼品。

这种直接还体现在对现状的诚实描述上，美国艾维斯汽车租赁公司的文案"艾维斯在租车市场上只排第二，但为什么要选择我们？"文案中直接道出他们"只排第二"，当然，这也是事实，不仅如此，当排行第一的大众汽车说自己用户众多时，它继续沿用这种套路，在文案中表示"我们这里人少，来租车不用排队"，这样的文案反而取得了成功，使选择艾维斯的人越来越多。

除此以外，直接式还有言简意丰的效果。例如，鸿星尔克"To be No.1"、特步"飞一般的感觉"、联想"人类失去联想，世界将会怎样"，简短直接还一语双关，用简单的文字表达丰富的内涵。

知识拓展：直接式文案正文写法

（二）递进式

递进式即文案正文中材料与材料间的关系是层层推进、纵深发展的，后面材料的表述只有建立在前一个材料的基础上才能显出意义。通常故事体、对话体的表述方法采用的就是这种结构形式。例如：

丈夫："把你的××（自己的产品）换掉吧。"

妻子："你又不是不知道我生气时爱摔东西。"

丈夫："所以才要换啊，摔不烂，怎么泄愤。"

此则文案就是用对话体来层层递进，突出产品的某种特质，前两句淡淡讲述，只是为了给最后一句做铺垫，引出该产品结实耐摔的特点。

（三）并列式

并列式即材料与材料间的关系是并行的，前一段材料与后一段材料位置互换，并不会影响文案主题的表现。并列式文案的正文结构就是"特点1+特点2+特点3……"，分不同段落写出不同特点。这种并列式的正文结构能把广告产品的特点清晰、准确地表达出来。

产品文案常用并列式分别列出产品的参数、属性、特点等。例如，佳雪神鲜水的文案，如图3-3所示。

图3-3 佳雪神鲜水文案

此文案使用并列结构细数该产品的功能。四大主打功能"丰沛补水，肌肤光滑水嫩""调节疲惫肌，肌肤紧致弹润""赶走干燥粗糙，肌肤纯净透亮""深入肌底修护锁水赋活幼滑肌"之间就是并列关系，这种写作方法明确列出产品亮点，简洁清晰，能有效避免文案出现结构混乱、层次不清的现象。

（四）三段式

三段式写法比较适合软文型文案的写作，顾名思义其结构分为三段，第一段是用列举的方法或一段话来浓缩全文的销售话术，如产品信息、产品优点等销售语言；第二段则是解释销售语言中的卖点或者将销售语言延伸开来，展开描述，这时可运用要点衍生法；第三段的主要任务是让受众马上行动，一般强调产品的某些独特优势，点明前面阐述的销售话语或者卖点可以给读者带来什么直观的效果。

在三段式写作中，最后一段最为重要，在这一段中要把读者使用产品之后的场景、效果直接表达出来，让读者产生购买欲望。例如，雅诗兰黛小棕瓶的文案，如图3-4、图3-5、图3-6所示。

图3-4　雅诗兰黛小棕瓶功能介绍

图3-5　雅诗兰黛小棕瓶功能展示

图3-6　雅诗兰黛小棕瓶功能展开叙述

此文案分为三段展现产品内容。第一段总列产品几大特点"有效抗氧化""淡黑眼圈""持久保湿"等。第二段再对几大特点分别展开叙述，如"放大自我修护力""轻盈凝霜质地"等。第三段则给受众展示效果，如"淡黑眼圈""抗氧化""持久保湿"等，还通过其他达人的感受进行渲染来促进受众购买，达到了不错的营销效果。

（五）对比式

在新媒体文案正文中常使用对比的方法将不同事物的相似方面进行比较，或者将同一事物前后的不同进行比较，突出该事物的特点和作用。

对比式常用在广告文案中，竞争广告一直是商家较爱采用的广告方式，虽然表面上争得"你死我活"，但实质上拓宽了市场。值得注意的是，在运用对比手法撰写文案时，一定要把握适度原则，不能恶意诋毁竞争对手。

有些软文为了推荐某款产品且不引起受众的反感，有时会以一种亲身经历的立场来进行对比论述。例如，推荐祛痘产品的文案开头就描述自己长痘时皮肤差、自卑，用再多化妆品遮掩也没有用，反而让痘痘更加严重。然后用夸张的方式提出皮肤白嫩的女生则好很多，通过对比，让读者感到"妒忌"。"妒忌"这种情绪是负面的，但受众的负面情绪会引发其更多的关注，有这种困扰的受众就会越发重视自己痘痘的问题，从而更加有兴趣阅读文案。

（六）瀑布式

瀑布式架构分为瀑布式故事与瀑布式观点。

瀑布式故事架构，先点明故事核心要素，接着按照顺序，把故事的起因、经过、结果等环节分别讲明白。瀑布式观点架构，先提出观点，指出某观点"是什么"，接下来分析"为什么"和"怎么办"，逐层推进，说明问题。瀑布式架构可以采用数字化、体验化或历程化标题，突出观点。

二、常见的新媒体文案正文写作技巧

新媒体文案的写作目的是要用"最容易理解的方式"来传达商品的好处，在通过标题和开头的吸引和引导后，文案的正文需要对商品进行详细的描述，当然，描述的方式有很多种，技巧也各有不同，具体包括以下几种。

（一）简单直接

新媒体文案的作用是提高页面传播效果，提升用户体验，传递关键信息给读者，因此文案的内容应该直击读者内心。

新媒体文案大部分是与商品详情相结合的，调查显示，读者浏览商品页面的耐心不超过 2 秒，如果文案表达不清晰，就容易在 2 秒内丢失潜在读者，因此文案"快""准""狠"的传达极为重要。

知识拓展：
文案正文写作的重要法则——简单直接

案例 3-3

农夫山泉广告的成功秘诀

农夫山泉的营销文案比较出名，包括"有点甜""我们不生产水，我们只是大自然的搬运工"等，文案简洁地描述了商品及其特点，能让人第一时间知晓商品优势：商品为山泉，味道甜甜的，是自然的产物。其广告简单易懂，能提升读者对于商品的信任感，引起他们的共鸣，刺激他们的购买欲望。

（二）制造悬念

悬念式营销可以借助悬念引发关注，使市场利益达到最大化。对于新媒体文案来说，制造悬念就是要提炼一到两个核心卖点，并按一定进度慢慢展现卖点。简单来说，制造悬念就是从设疑到推疑再到解疑的构思过程，制造悬念就是要学会"卖关子"。

新媒体文案的悬念设置主要分为3个步骤。

1. 设疑

设置疑点，吸引读者关注，切记不要过早点明结局。所谓悬念，就是要让一些神秘的东西悬而未决，否则一旦神秘的面纱被揭开，那就起不到吸引人的作用了。

2. 推疑

充分重视读者的感受，并根据读者的期待发展情节，旨在充分发挥读者的主观能动性，从而提高读者对商品的关注度。

3. 解疑

不断深化冲突，在将故事情节的悬念推向高潮时揭示真相。制造悬念难，能够不断深化冲突更难。但也只有做到这一点，悬念文案的营销才算成功。

（三）礼品促销

如今新媒体营销的常用做法莫过于送读者各种"礼"，以最大的促销让利措施刺激读者在最短的时间内下单，从而提高商品的整体销量，每年的"双十一"购物节就是最好的例子。撰写这类文案直接在文案正文中注明促销的内容即可。

（四）情感动人

"言有尽而意无穷"是古诗词的语言描述能达到的最高境界，对于新媒体文案来说也一样，新媒体文案要尽可能使用精练的语言，抓住读者的内心需求，从而达到最好的营销效果。创作新媒体文案的正文，最重要的也就是用心，只要用心，即使是简单的词语，也能深入人心，打动读者，如味千拉面的营销文案，如图3-7所示。

图 3-7　味千拉面的营销文案

对于用情感动人的文案，有以下 3 个写作原则。

1. 每一个词语都蕴含情感，每一个词语都能讲述一个故事

在打动读者这点上，有时逻辑反而不太起作用。例如，如果你并不十分满意，就在 30 天内退还商品，你会得到迅速的、周到的退款。

退款周到？这个逻辑不通，但这段话传达给读者的信息就是这是一家非常尊重客户、服务周到、退款迅速的公司。

一般来说，一个词组、句子或段落即使在逻辑上未必完全正确，但只要它富有感染力地传递信息，它的作用就能体现出来。

2. 好的文案都是词语的情感表达

很多词语都能给人以直观的情感信息。例如，农民给大家的印象就是勤劳、淳朴；学者给大家的印象就是知识渊博、素质高。使用这些词语的时候，就要想一下它们能创造出怎样的富有感染力的信息，可以给人们留下什么样的印象。掌握了词语的情感要素，就掌握了文案写作中一项重要的技能。

3. 以情感来销售商品，以理性来诠释购买

人们往往因情感而购买商品，又因逻辑而使购买行为显得合理化。因此，文案负责打动人，而优质商品可使用户的购买行为合理化。

（五）剑走偏锋

商品多种多样，有些文案的写作方式可以适用所有商品类型，但一些特殊类型的商品则需要特别的文案写作方式。如何进行特殊商品文案的创作，这就需要剑走偏锋，从另一个角度来进行解读。对于这一类商品，可通过故事来进行文案创作，也可以使用各种手段来包装这个故事，在讲故事时可以更加诙谐、幽默，从而达到吸引读者的目的。例如 MINI 汽车的文案，如图 3-8、图 3-9 所示。

图 3-8　MINI 文案一　　　　　图 3-9　MINI 文案二

这是 MINI 汽车的宣传文案，卖汽车本来是一件很正经的事，MINI 却在突出个性这条道路上一路狂奔，MINI 的文案总是向读者展示它与众不同的样子，尽管 MINI 的文案是这样一副"不正经"的模样，但它依然值得读者回味。

轻松、愉悦、押韵、对仗、双关、拟人、比喻等，都是这类型文案的常用表现方式，只要角度新颖、立意明确，就很容易吸引读者的注意。

（六）层层递进

想要让自己的商品在众多的竞争者中脱颖而出，文案的描写必须逻辑清晰、层层递进、环环相扣，每一层都有吸引读者的实质内容，这样才能激起读者的购买欲。

有时候，品牌会运用系列文案，层层递进地强调某种情绪，例如，南京山河水别墅的系列推广文案就有着极为丰富的艺术特征，它充分运用了汉语文学上的艺术手法，调动了受众的情绪，具体文案如下：

第一阶段：我看得见世界，世界看不见我。

第二阶段：山河水，不在南京。

第三阶段：曾经风云，如今笑谈风云。

第一阶段描写的"我"，站在一定的高度上，历经沧桑而洞明世事，并"隐居"在了某处，所以世界会"看不见我"。简单两句，别墅的形象跃然而出。第二阶段初看令人费解，但细细琢磨之后可以明白：山河水虽然就在南京浦口，但它的高度已经超越了一个城市的范畴。因此，山河水在中国，在世界，而不仅仅是在南京。这一阶段继续拔高了山河水的高度，言语上仍旧平淡，却有了高昂的姿态。第三阶段用这样一句看似云淡风轻，实则"大权在握"的文案，营造秘而不宣的情绪，塑造了一个低调尊贵的上流人士形象。文案层层递进，调动了读者的情绪，吸引了读者的注意力。

（七）诙谐幽默

幽默的文案能够留住读者，让目标客户变成消费者。在这个人人都面临各种压力的社会中，幽默是缓解压力最好的方式之一。

例如，哈罗单车的"屁股保卫联盟"文案，这则文案语意双关，让很多人都会心一笑。不管出于什么原因，如果一段文案能让人们笑出来，读者自然会想："你真懂我。"这不仅拉近了商家与读者的距离，也对读者的消费行为起到了促进作用，如图3-10、图3-11所示。

图3-10　哈罗单车文案一　　　图3-11　哈罗单车文案二

又如，小茗同学饮料的海报文案。统一企业推出的全新品牌"小茗同学"冷泡茶锁定的是"95后"消费族群，品牌命名和传播结合"小茗同学"的话题，创造了"认真搞笑，低调冷泡"的品牌形象，其文案内容提倡年轻人要有一颗进取的心，对待挫折要学会诙谐、幽默和自嘲，会用冷幽默调剂疲惫的生活，文案中的商品一上市就获得了热捧，如图3-12所示。

图3-12　小茗同学文案

> **思考与练习**：试着站在文案创作人员的角度，以母亲节为主题，创作一篇新媒体宣传文案。

第四节　新媒体文案结尾写作技巧

新媒体文案都是有其营销目的的，让受众有兴趣阅读完一篇文案固然是好事，但写作者真正的目标在于通过文案刺激受众，让他们阅读后做出平台或商家所期待的反应。有的人遇到写得有趣的文章会欣然推广，从而达到二次传播的目的；有的人对文案中产品的描述很心动，就会选择下单购买；有的人被文案中的品牌故事所打动，就会成为该品牌的粉丝；但有的人阅读文案后觉得不过如此，没什么感觉。产生这一系列不同结果的原因在很大程度上是受到了结尾的影响。因此，文案结尾也是相当重要的。

一、常见的新媒体文案结尾类型

（一）点题式

点题式结尾就是在文案末尾总结全文，点明主题。有的文章在开头和中间只对有关问题进行阐述和分析，到结尾时才将意图摆到明面上来。例如，之前腾讯视频软文文案"姑娘你需要的不是一个男朋友"就是以故事的形式将"腾讯视频"植入其中，文案在结尾才点明主题，原来是为了销售腾讯视频的VIP年卡。其文案结尾如下：

我的故事讲完了，希望能对你有所启发。
这失恋之后的三十三天，是腾讯视频陪我度过的。
和我一样，姑娘啊，很多时候你缺的并不是一个男朋友，而仅仅是一个腾讯视频。
男朋友会惹你生气，它只会为你疗伤。
男朋友会制造麻烦，它只会解决问题。
男朋友会因为一言不合把你丢在陌生的街头，它只会耐心地送你疗伤电影。
腾讯视频这么好，那为什么不马上拥有它，就现在？
就现在！腾讯视频VIP年卡只要88元，而且三人拼团只要68元！
点击阅读原文立刻拥有！

（二）互动式

在文案结尾设置话题（一般是提问的方式），吸引受众参与，引发他们的思考或者参与活动。在微博、微信、微淘等注重评论的社交平台的文案中就常设置话题，当然，话题最好是一些受众可能感兴趣的话题。例如：
大家都来谈谈男朋友送过什么让你印象深刻的礼物？
通宵读书是一种怎样的体验？

(三) 名言警句式

用名言警句或其他金句结尾的文案可以帮助受众更深刻地领悟文案思想,引起受众共鸣,提升他们对文案的认同感。此外,名言警句一般都富含哲理性,借助这些语言的警醒和启发作用,还能提高该文案的转发率,可谓一举多得。例如,PPT 网课推广文案的结尾为鼓励受众购买课程,就用上了巴菲特的名言,非常成功,可以说是起到了画龙点睛的作用,其原文如下:

每一个让你感觉到舒服的选择,都不会让你的人生获得太大的成长。而每一个让你感觉不舒服的选择,也并不一定让你获得大家所谓的幸福,但却会让你有机会开启与众不同的体验,寻觅到更多的可能性。

从一个"PPT 制作者"成为一个"PPT 设计者",难吗?不轻松。但正在学习阶段的你,连个 PPT 都征服不了,谈什么征服世界?

做你没做过的事,叫成长;

做你不愿做的事,叫改变;

做你不敢做的事,叫突破;

做你不相信的事情,叫逆袭。

(四) 神转折式

神转折式的结尾就是用出其不意的逻辑思维,使展示的内容跟结局形成一个转折关系,得到出人意料的效果的写作方式。它能将正文塑造的气氛转变得干净利落,让人哭笑不得,但这种写作方式常有奇效,借助这种氛围落差让受众惊叹于写作人员的思路,从而引发受众的讨论,在其心中留下深刻的记忆。由于神转折有一种强烈的反差感,受众读起来有趣,自然也利于网络传播。例如:

正文梗概:喜马拉雅FM 曾出过这样一个文案,正文讲述男孩和女孩是初、高中同学,因为想着要好好学习考同一所大学,非常要好却一直没有明确彼此的关系,可是她考上了,他却名落孙山,彼此再无联系,直到她的婚礼两人才又见面,他交给她一个手机后就转身离开了。

文案结尾:她打开手机,手机上的软件正在播放节目,她细细听、细细查看时发现,每一条收藏的声音都是他们学生时代曾反复收听的电台节目,每一首歌都是记忆的引子。

她泪流不止,突然意识到……

这个软件就是喜马拉雅FM。喜马拉雅FM 是国内最大的音频分享平台,其手机客户端于2013 年3 月上线,在其创立的这几年时间内,喜马拉雅FM 已有超过1.5 亿的用户,每日有近百万用户在持续新增,平均每位用户平均每天收听90 分钟……

(五) 引导行动式

这种方法也可以称为动之以情式,就是文案从情感上打动对方,当受众感受到背后文案写作人员的用心与认真时,就能用名为感情的手,打动那些还在犹豫的读者。例如:

案例一：

我们的目的不是赚钱，只是让大家用到好东西，看到很多人用了我们产品，生活变得更好，那我们就开心了。

案例二：

黑五到，大利好！Kindle黑五狂欢购。在活动期间购买任意一款设备，即送70元Kindle电子书券。Kindle Paperwhite X 故宫文化新年限量款礼盒也在活动中哦，买即送70元Kindle电子书券！珍藏限量2018套，来自岁月的祝福好礼！

二、常见的新媒体文案结尾写作技巧

（一）场景

文案结尾融入场景，更容易打动人心。要在结尾设计场景，最重要的就是截取合适的场景——最好是受众生活中的画面。育儿的文案，可以描述妈妈和孩子在一起的场景；办公软件的文案，可以描述职场"小白"加班做PPT的场景等。例如：

以上PPT技巧，千万不要只是看过，而不去练习，否则，原本3个快捷键就能解决的问题，你需要加班去完成。凌晨一两点，大家都在呼呼大睡，而你却一个人在空荡荡的办公室做PPT，何必呢？

（二）金句

转发率高的文案，通常会在结尾埋下金句，起到画龙点睛的作用。由于金句可以帮助受众领悟文章核心并引起受众共鸣，因而结尾带有金句的文章，读者转发的可能性会更大。常用的金句分为名人名言、原创经验两种。例如：

居里夫人说过："在捷径道路上得到的东西绝不会惊人。当你在经验和诀窍中碰得头破血流的时候，你就会知道：在成名的道路上，流的不是汗水而是鲜血；他们的名字不是用笔而是用生命写成的。"

（三）提问

在文案结尾进行提问，一方面可以带着受众思考；另一方面可以在提问后，发起互动，提升受众参与感。例如：

来今天的留言区，说说你过去做了或者经历了哪些事，让你不再那么玻璃心？

思考与练习：请大家尝试从网络中收集一些新媒体文案结尾的写作技巧。

在撰写新媒体文案时，一定要注重写作结构及技巧，结合标题、开头、正文、结尾的各种写法，思考其都用了怎样的写作技巧，不断总结有利于我们写出优秀的新媒体文案的方法。

案例 3-4

今天不起标题,回家了!

复习与思考

1. 简述常见的新媒体文案标题类型。
2. 简述新媒体文案标题的作用。
3. 简述常见的新媒体文案开头方式。
4. 简述常见的新媒体文案正文写作技巧。
5. 简述常见的新媒体文案结尾类型。
6. 思考一下,除了书中所讲的新媒体文案正文的写作技巧,是否还有其他技巧。

技能实训

实训题目

新媒体文案写作实训

实训目标

(1)能够通过教师讲解、案例讨论掌握相应知识点。
(2)能够初步学会拟写新媒体文案。
(3)能够形成初步的独立思考能力。
(4)能够培养初步的自主学习能力。

实训内容与要求

(1)由教师介绍实训的目的、方式、要求,调动学生实训的积极性。
(2)由教师布置模拟实训题目,题目如下。

请选定一种全班同学都喜欢的产品,每位同学都为这款产品写一则文案并在班级群分享。通过投票选出最好的文案,分析原因。

(3)由教师介绍新媒体文案写作的相关案例及讨论的话题。
(4)各位同学进行文案拟写,并发布至班级群内。
(5)所有同学相互评议,教师点评、总结。

实训成果与检测

（1）成果要求。

① 提交案例讨论记录：教学分组按 3~5 名学生一组，设组长 1 人、记录员 1 人，每组必须有小组讨论、工作分工的详细记录，以作为考核成绩的依据。

② 能够在规定的时间内完成相关的讨论，学习团队合作方式，撰写文字小结。

（2）评价标准。

① 上课时积极与老师配合，积极思考、发言。

② 认真阅读案例、积极参加小组讨论、分析问题思路较宽。案例分析基本完整，能结合所学理论知识解答问题。

③ 团队配合较好，积极参与小组活动，分工合作较好。

参考文献

1. 喻斌. 新媒体写作教程[M]. 北京：中国传媒大学出版社，2018.
2. 陈倩倩. 新媒体文案写作与编辑[M]. 北京：中国人民大学出版社，2019.
3. 李华，廖晓文，贾悟凡. 新媒体写作与传播：文案写作 图文编辑 内容传播[M]. 北京：人民邮电出版社，2019.
4. 苏高. 新媒体文案创作与美工设计[M]. 北京：中国铁道出版社，2019.
5. 孙清华，吕志君. 电商文案写作与传播[M]. 北京：人民邮电出版社，2019.
6. 陈庆，黄黎，徐艺芳. 移动商务文案写作[M]. 北京：人民邮电出版社，2018.
7. 廖敏慧，吴敏，李乐. 电子商务文案策划与写作[M]. 北京：人民邮电出版社，2019.

第四章
微信文案写作

📚 知识目标

- 掌握微信文案的写作基础；
- 掌握微信公众号文案的写作技巧；
- 掌握微信朋友圈文案的写作技巧；
- 掌握微信 H5 文案的写作技巧。

✏️ 重点及难点

重点

- 微信公众号文案的写作；
- 微信朋友圈文案的写作；
- 微信 H5 文案的写作。

难点

- 运用微信文案写作的相关知识分析问题、解决问题。

📖 案例导入

Feekr 旅行

第一节　微信文案的写作基础

随着移动互联网、电子商务、移动 App 的快速发展，微信作为当今最流行的移动互联网入口，无疑成了新媒体时代商家营销的最佳选择之一。微信不仅可以作为通信工具，还可以作为营销工具。在微信公众号和微信商城推出之后，无论是大、中、小企业还是电子商务商家，都开始通过微信进行营销。许多企业、品牌商家开通了微信公众号进行营销文案的推送，个体商家也开始开通微信公众号经营个人品牌，微信变成了常见的新媒体营销平台之一。

一、微信文案的作用

微信文案是通过对产品的概念和特点进行深度分析，整合文字、图片等元素写出的能够进一步引导受众进行消费的文案。通过微信文案进行营销不仅可以降低营销成本，还能让受众更深入地了解产品或服务，提高受众的忠诚度。具体来说，微信文案具有以下几个作用。

（一）降低成本

从事商业活动的企业或个人要维持企业或店铺的正常运转与市场扩张，需要进行大量的营销与推广活动。以前，大多数商家会以短信形式推送店铺的各种活动，以便受众及时收到各种活动信息，短信费用会随着时间和客户数量的增加而不断累积，从一开始的一个月几十元变为上千元，甚至上万元。而通过微信进行消息的推送是免费的，并且目前微信的使用用户数量及活跃用户数量相当庞大，几乎大部分的网上消费者都有使用微信的习惯且使用频率相当高。

（二）加深与客户的交流

微信可以通过文字、图片、语音甚至视频通话进行社交活动，是近几年来最流行的社交工具之一。对于移动商务商家来说，微信强大的功能可以让他们直接与客户进行交流，及时回复客户提出的问题，从而获得更高的转化率，促成交易。

（三）定位准确

微信文案营销最大的特点是只有关注者才能看到你发送的消息。与微博只要发布了文章谁都能查看相比，微信具有更准确的受众定位。

（四）转化率高

直接发送广告对于所有商家来说都是最简单的营销推广方式，但目前微信用户对广告普遍存在一种排斥心理，如果直接发送广告，很容易失去一部分客户。而微信文案可以很好地解决这个问题，它通过图文并茂的文字描述或诙谐幽默的故事巧妙地引导受众，让受众自然地接受并主动搜索更多的内容，大大提高了受众的接受程度，提升了转化率。受众看到感兴趣的内容，特别是一些促销活动或打折信息，还会主动分享到自己的朋友圈和微信群，这样就形成了一传十、十传百的效果，形成了一个不断扩散且范围广泛的交流圈，带来新的消费群体。

二、微信文案写作的基本要求

微信作为当今的新媒体及人们常用的社交工具，在开始为移动商务营销服务以后，微信文案就具备了销售文案的特点。结合微信平台传播的有限性与受众忠诚度，微信文案应当满足以下要求。

（一）图文并茂

在现代社会媒体中，传统的广告文案已经失去了优势，转而以有趣的、大家更容易接受的图文广告的形式出现。图文并茂的方式虽然广告的嫌疑较重，但因为有趣、可读性强等，受众也乐于接受，进而进行转发与分享。

（二）精练易懂

为了快速传递信息，有效减少读写障碍，微信文案往往使用短小精练的话语，从而起到快速沟通交流、有效传递思想的目的。若是文案长篇大论、太过专业，受众就很难集中精神阅读。因此，微信文案的语言一般比较简短通俗，文案写作人员要选择要点进行表达。精练易懂、有效准确成为受众对微信文案的基本要求。

（三）个性特色

为了引起受众的有效关注，有些文案写作人员往往使用特殊的语言或流行语来表达特定的含义。以朋友圈为代表的微信文案还有着极强的娱乐性和互动性，一些公众号为了吸引受众阅读，还会使用活跃幽默的语言，使文案更具有娱乐和玩笑的意味；还有许多方言俚语、网络用语等也在微信语言中被广泛使用。

（四）引导购买

在微信长文案中，文章末尾未做购买提示时可能会导致受众忘了这是一篇目的性较强的销售软文或广告文案。当阅读文案之后有了消费欲望却没有购买链接，购买无门时，这种消费欲望就会削弱甚至消失。而明确的购买引导，如"点击了解更多""点击阅读原文""马上带走""立即抢""扫描下方二维码，立即下单"等则有利于引导受众进行消费，起到一篇销售性文案应有的作用。

第二节　微信公众号文案写作

微信公众号是企业或商家在微信公众平台上申请的应用账号，通过公众号，商家可在微信平台上通过文字、图片、语音和视频实现和特定群体的全方位沟通、互动，是一种主流的线上、线下微信互动营销方式。微信公众号文案一般要受众关注公众号之后才能看到。

知识拓展：
微信公众号的设置

❓ **思考与练习**：如果你要给自己的微信订阅号取个名字，你会取什么名字？为什么？

一、微信公众号取名技巧

名字是公众号给人的第一印象，是品牌标签，对公众号具有至关重要的作用，不能随便乱取。那么，该如何给公众号取名呢？

（一）微信公众号取名方法

1. 根据目标受众特点取名

在创建公众号之前，要对所创建的公众号进行定位，明确所传达信息的主题、目标受众等。可根据目标受众的年龄、文化背景、性别、职业等方面特征，了解他们有哪些精神需求和物质需求，从而确定公众号的名字。例如，要创建一个汽车领域的公众号，首先应对目标受众进行分析，分析关注这个账号的目标受众是已经有车，还是目前没有车但是对车很有兴趣的人。行业内有个账号的名字叫"有车以后"，用简单好记的四个字体现了公众号的主题以及目标受众的特点。

2. 名字突出目标受众需求

我们知道，任何一种产品，都是为了满足用户某方面的需求。同样，公众号作为一种产品，也要满足不同用户的需求。比如汽车领域有两个公众号，都是直击大家的痛点需求来取名的，一个叫作"微信路况"，另一个叫作"查违章"。从名字就能看出，这些公众号可以满足车主们查路况、查违章的需求。通过精准需求定位，这些公众号就比较容易对其目标受众进行推广和传播了。

3. 结合微信公众号运营者的兴趣取名

找到公众号运营者的兴趣与受众需求的契合点，在此基础上运营的公众号才能保持可持续发展。如果只是为了突出新意，追求热点，选择自己不擅长的领域进行取名，那么写出来的文案就会缺少内涵，所运营的公众号也就难以垂直发展。

4. 结合关键词取名

为公众号取名，有时候就像给文章起标题一样，最好能简单、直接一些。我们要建立某个领域的公众号，直接结合这个领域的关键词，再加一个名词或形容词组合就可以。比如目前非常火的"十点读书"公众号，通过这个名字，我们就能判断出账号的发文时间。这样的名字非常有辨识度，甚至可以培养用户的阅读习惯。

5. 借助运营者名称取名

对一些比较有名的作者来说，可以直接用他们的名字或者艺名来命名公众号，因为这些作者的名字本身就是一个招牌，能直接吸引更多人气。很多知名的个人类型公众号，都是通过这个方式命名的，比如"吴晓波频道""秋叶大叔"等。一些企事业单位以及政府部门的公众号也通常用自己的名称来命名，比如"人民日报""和君商学院""广科院招生办"等。

6. 通过热词组合取名

我们可以通过一些大数据网站，如站长工具、百度指数、新浪微博指数、阿里指数等网站，判断出网民对于某一领域的普遍需求是什么，从而组合相关热词为公众号命名。以心理类为例，通过百度指数能看到，网友普遍对心理咨询、犯罪心理学、幼儿心理等细分领域更感兴趣，那么命名账号的时候，就可以向这些方向靠拢。

（二）微信公众号取名注意事项

1. 要有精准的关键词

微信公众号的名称中一定要有关键词，没有关键词的公众号不易被搜索到，曝光度就会很低。同时，关键词要精准。例如，公众号定位是"手机构图摄影"，那么"手机构图教程"的名字就比"构图教程"的名字要好。

2. 做好垂直领域文案写作准备

对于已经关注了公众号的粉丝来说，他们关注公众号是为了满足某方面的需求，要么是因为公众号的相关文案有趣，要么是因为公众号的相关文案有料。因此在取名之后，文案写作人员一定要围绕微信公众号命名的方向进行文案写作，围绕命名的定位进行深度挖掘，写出垂直领域的文案。

3. 名称中不建议使用生僻字、火星文和符号

如果公众号名称用字太生僻，难免会出现别人不认识导致放弃的情况。一般来说，大部分人不会刻意去搜索有生僻字的公众号。另外，在自己的公众号名称中，尽量不要出现火星文和符号。

> **思考与练习**：如果你们班要建立一个微信公众号，请开展头脑风暴，为班级微信公众号取名。

二、微信公众号文案写作技巧

（一）微信公众号定位

运营微信公众号之前，一定要进行定位。一般情况下，公众号定位要考虑四个方面的内容。

1. 选择公众号的类型

新媒体运营者要根据自身情况选择公众号类型。如果是自媒体商家，可以选择订阅号；如果是以服务为主的行业，可以选择服务号；如果是进行企业内部管理，可以选择企业号。

2. 根据内容定位进行垂直领域创作

内容定位主要考虑两个方面：一是所运营的公众号是做什么的；二是目标受众是谁。

（1）所运营的公众号是做什么的。一般情况下，要明确如下内容。

① 所运营的公众号是干什么的？

② 所运营的公众号能为用户解决什么问题？

③ 和同类公众号相比，所运营的公众号有什么特点或者优势？

对个人微信公众号来讲，运营者要找到个人兴趣爱好、专业特长与受众需求之间的契合点，进行微信公众号内容定位；对于企事业单位以及政府部门运营的微信公众号来说，要找到受众需求与部门文化的契合点。明确了内容定位，接下来的工作就是围绕内容定位进行深度挖掘，推送垂直领域文案。

要持续推送垂直领域文案，文案工作人员就一定要学会资源盘点。首先，思考一下自己对哪个领域的话题有独到的见解，即"超越一般用户平均程度的理解"，也就是在哪个领域比受众懂得更多。其次，考虑自己最擅长哪种内容表现形式，是文字、图片还是视频。最后，考虑受众最喜欢哪种内容呈现形式，找到自己擅长与受众喜爱的契合点进行写作。

（2）目标受众是谁。一般情况下，要明确如下内容。

① 目标受众的基本信息，即年龄、性别、爱好、收入、职业、婚姻等。

② 目标受众对手机的依赖性，包括手机用途、查看微信公众号文章的时间段、线上信息浏览足迹等。

③ 目标受众的阅读特征，包括微信公众号阅读习惯、阅读主题、阅读方式、阅读倾向等。

除此之外，运营者在经营自己的公众号时，还要对自己平台上发表的文章做好把控。不能发布内容低俗、与平台定位无关以及内容与标题严重不符的文章。

3. 竞争策略定位

微信公众号是目前比较火热的营销工具，要在海量微信公众号中脱颖而出，就必须创造出吸引人的独特价值。这需要微信运营者对自己的定位产品和服务实现差异化。比如，小米手机精准定位用户群体，将目标集中在年轻一代身上，有效避免了同行之间的激烈竞争；同时，把握年轻人的心理特征，打造出属于自己产品的特色。网易王三三的战略目标是"提高网易新闻品牌在18~25岁年轻用户群中的品牌认知"，因此其运营的要点就是：抓住年轻用户的喜好，增加品牌曝光度，以大众化的内容获得广泛传播。

4. 内容表现形式定位

在微信公众号平台上，企业展示的内容主要是文本、图片和视频。想要通过独特形式展示完美的内容，除了要了解上述三种常用形式，还要对微信平台内容的拓展形式有一定的了解，比如H5页面展示内容、微信语音推送等，而选择文案表现形式的依据是目标受众的阅读习惯和阅读需求。

（二）微信公众号文案标题写作策略

与新媒体其他类型的文案一样，微信文案写作中也要抓住用户的"痛点""痒点"和

"兴奋点",写出有用、有趣和有料的标题。

1. 适度结合热点，切入点独到

一个事件发生或热点出现，各大媒体的记者都会对事件进行报道。这个时候，要想在众多文章中脱颖而出，就必须选取合适的角度，要有独特的观点、严谨的逻辑以及充足的论证。

微信公众号文案的编辑方式灵活，传播范围广泛，受众群体大众化，因此在拟写标题时，可选用较活泼的语言，比如使用网络流行语拉近与受众之间的距离。

比如，《人民日报》微信公众号在电视剧《人民的名义》播出期间，推出《"达康书记"想不火都难！一个水杯都是戏格满满》《"达康书记"被老婆坑、下属蒙，为啥还是人人爱？》等微信文章，阅读量都超过10万。

2. 标题与"我"相关，对"我"有用

受众在互联网海量信息面前注意到的多是与自身相关的事物，以满足自己对信息的需求。让受众在海量信息中，快速找到与自己有关、对自己有用的信息，这需要掌握微信文案标题写作的核心技巧——与"我"有关、对"我"有用。比如，《晚上11点后睡的人，白开水里一定要加一点它！让肝……》这个微信文案标题，一方面明确了受众是"晚上11点后睡的人"以及想提醒这些人的亲戚朋友，体现与"我"有关的原则；另一方面给出了解决办法——"白开水里加一点它"，体现对"我"有用的原则。另外还有《手机经常开关机到底好不好？真相来了……》《城市竞争力最新排名来了！你所在的城市上榜了吗？》《高考分数线公布了！这些省已经可查，各地将陆续公布》等。

另外，一些只求满足受众一探究竟欲望的微信文案标题也受到追捧。比如《20年没游过泳，这位56岁的浙大教授突然跳进了西溪……》，这篇微信文案一方面可以吸引浙大人点击阅读，另一方面大量非浙大人也对"20多年没游过泳""56岁教授"等感到好奇，想了解事情的真相，出于好奇心去点击阅读。类似的还有《痛心！23岁姑娘凌晨打车遇害，上车前一定要注意这件事！》《一所"国字头"大学横空出世！网友：文科生要不要……》，这类文案的标题也是与"我"有关的标题，与"我"的关注点、好奇心、地域等有关。

3. 文风幽默

在全民娱乐化的互联网时代，枯燥、说教、沉闷是新媒体的天敌。有趣的内容能够给人带来好心情，让人更有兴致阅读下去。同时，文风幽默也对树立作者"接地气"的形象十分有利。如《我，一个矮子的史诗》《看书是我治疗自卑的唯一方法》《我是如何成功地把一家公司开垮的》，这些标题就让受众看到了名人普通、平凡的一面，认识到他们与普通人一样，也有各种烦恼，也会失败自卑，但同时仍然积极乐观、充满正能量。

(三) 微信公众号文案内容摘要写作策略

摘要写作可分为两种：文章前半部分的内容+见解、文章的主要内容+见解。

1. 文章前半部分的内容+见解

这种摘要适合内容质量不是特别高的文案，采用这种方式来引导读者打开文章阅读，提高阅读量。这种摘要适用于新闻、热点事件、营销、娱乐、兴趣等主题的文案。

2. 文章的主要内容+见解

这种摘要适用于质量很高的文章，受众需要精读。受众先通过摘要理解文章的主要内容，然后再去精读，汲取文章的精华。这种摘要主要适用于研究报告、干货、攻略、数据调查、演讲原文等。

> 思考与练习：将你喜欢的 5 篇微信订阅号文案分享给全班同学，分析每篇微信文案的标题写作技巧、内容摘要呈现思路。

微信文案，很厉害的亚子

第三节　微信朋友圈文案写作

微信营销文案除了可以通过微信公众号进行发布，还可以通过微信朋友圈这一渠道进行传播与分享。因此，在学习写作微信文案时，掌握微信朋友圈广告文案的写作方法对于文案写作人员来说也十分必要，下面进行详细介绍。

一、加入微信朋友圈

要写作微信朋友圈广告文案，需要做的第一件事就是加入微信朋友圈。朋友圈推广是微信营销的一种重要方式。微信朋友圈中的人都是自己相熟的，或是信任度比较高的朋友。朋友圈广告不像其他网络文案或商务文案一样容易淹没在众多资讯中，寻找时需要费心搜索。一般来说，运用微信作为日常社交工具的人很多，他们刷朋友圈的频率也很高，文案写作人员甚至不需要一个醒目的标题，只需用一些简单有趣的文字、图片与视频就能赢得潜在受众的注意。

某些电商平台的商家对微信朋友圈的运用十分成功，受众通过淘宝首页、详情页或其他渠道获取商家的微信成为其微信好友之后就能在朋友圈看到他的动态，商家就能在朋友圈发布一些与品牌、产品上新、活动和推广相关的文案以达到营销的目的。

不少品牌也善于利用微信朋友圈来推广宣传，这样做不仅能扩大受众范围，还能增强粉丝黏性。图 4-1 所示就是一些品牌的朋友圈广告营销文案示例。

图 4-1　品牌产品的微信朋友圈

目前，越来越多的企业与商家都加入了微信朋友圈营销的阵营，在这样的环境下，各大品牌进行微信朋友圈营销势必会成为一大趋势。

二、微信朋友圈文案写作要点

在微信朋友圈进行广告营销重要的是给自己树立一个良好的形象，这样在推广产品、品牌与服务时也会更加方便，除了直接进行产品推广，在朋友圈文案中还可以通过新品及活动发布，分享真实的生活，发表自己的看法等展示一个真实又有趣的自己以获取潜在受众的好感。朋友圈文案写作包括以下几个要点。

（一）生活分享

文案写作人员在为电商企业或品牌撰写微信朋友圈文案时，要知道，朋友圈中的好友很多都是客户或者消费者，可能连面都没见过，因此可以在朋友圈中分享自己生活中的幸福时光和趣事，而不是一味地宣传自己的产品。如果朋友圈中有些人不厌其烦地只发硬广文案，而你只是单纯地进行生活分享，反而会给好友们一种眼前一亮的感觉。有时候也可以在分享生活的文案中融入自己的产品，但不要太过生硬，追求一种自然而然的感觉，让受众在真实生活中了解和感受产品，给予他们更多购买产品的信心。图 4-2 所示为一家电商企业的纯分享生活式的朋友圈文案；图 4-3 所示为一个微信代理商发布的一篇融合产品的朋友圈文案。文案写作人员可以参考、学习这种表达方式。

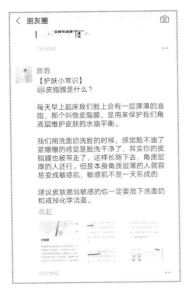

图 4-2　分享式微信朋友圈　　　　图 4-3　融合产品的微信朋友圈

知识小助手

纯分享式的文案看似毫无价值,实际上是有利于营销的:一方面有利于形象的树立,让朋友圈里的人觉得你是个鲜明的、活生生的、有情调的人;另一方面则能在潜在受众面前刷足存在感又不惹人厌烦。

（二）情感分享

每个人在成长过程中都会有一些感悟,可以用文字把这些感悟描述出来,分享到朋友圈。对于受众来说,如果恰好有比较类似的经历,似曾相识的感觉会唤起他们的共鸣,即使没有这些经历,文案也可能成为有治愈效果的心灵鸡汤。文案写作人员也可以将一些"好玩儿"的事分享出来,它既可以来源于生活中的创意,也可以是网上的段子,娱乐自己的同时娱乐他人,加深受众对你的印象。在开心之余,受众也许会转发,这样就能让更多的受众对你产生印象,有利于增加产品或品牌的营销可能性。

（三）热点分享

热点包括当下热门的话题、新闻、节假日等,这些流行的东西总能引起人们的好奇,赢得他们的关注。如果文案写作人员花一点心思去收集并整理热点分享到朋友圈,就很容易引起受众的关注,同时他们也更容易关注到你的产品和品牌。

（四）产品信息分享

在朋友圈晒一晒自己的产品上新信息、产品详情、促销活动、发货情况,但是不能太频繁,一天一到两次或两天一次为最佳,这样的分享也会刺激一些潜在受众产生购买的冲动,如图 4-4 所示。

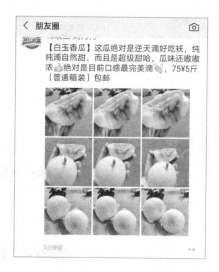

图 4-4　产品信息分享

（五）专业知识分享

作为一个在朋友圈进行产品营销的新媒体写作人员，需要具备非常专业的产品知识，因为没有人愿意购买连产品都介绍不清楚的人的产品。此外，专业知识的分享，如使用方法、使用技巧或产品功用等，也许能帮助受众解决一些实际的问题，即使解决不了，也能让他们感受到你的专业，为以后的产品销售打下坚实的基础，如图 4-5 所示。

图 4-5　专业知识分享

（六）消费评价分享

商家在微信营销的过程中，也需要像在网络上销售产品一样，进行物流信息跟踪，当物流显示到达受众手里的时候，还需要受众确认收货。而当受众使用之后，电商商家通常需要受众分享一下使用感受或者提供一些反馈图，这也是常用的一种营销方式。有时候，为了让受众在朋友圈分享使用感受，可赠予他们一些赠品，随受众下次购买的产品一起邮寄过去，一举两得。

（七）与朋友互动

互动也是增加好友的一种方式，通常可以直接在朋友圈发表一些互动性比较强的话题，让受众都参与讨论。互动的话题最好比较新奇，有一定的宣传力度与实用价值，要抓住热点、制造热点，也可适当地以利相诱。互动可以通过受众在朋友圈下面留言提供一些建议或评价，再从中抽取幸运朋友赠送礼品来实现。

知识小助手

若微博或电商平台有什么活动，文案写作人员也可在朋友圈进行分享，不少受众对这种内容的文案也很有兴趣，会参与互动。

三、微信朋友圈文案写作注意事项

在写作微信朋友圈文案时，应注意以下几个事项。

（1）需要站在受众的角度去思考。只有知道受众喜欢什么，反感什么，才能写出符合受众胃口的文案。不少文案写作人员坦言，自己回头看自己的朋友圈都很不顺眼，因此，文案写作人员写好文案后最好自己思考一下"我作为受众，看了这条朋友圈是什么感觉？"，并据此进行修改。

（2）朋友圈文案应尽量精简，保持在120字以内比较合适。文字太长会被折叠，被完整阅读的可能性比较小。

（3）在写作文案时要注重图文结合，特别要善用图片，如果只有文字，内容难免显得单调。

（4）写作时要运用生动形象的语言，特别是流行词汇的运用，这会增加文案的趣味性，使文案更吸引人。

（5）不管是哪种类型的信息都不要刷屏（尽管不是和产品有关的），如果你频繁地在朋友圈发布信息，也会引起人们的反感，甚至被拉进黑名单。

（6）善用表情包。表情包是最近很流行的交流方式，不少受众都对它感兴趣。若是文案中有一些表情包，不少受众会将表情包保存下来。因此，文案中对表情包的巧妙运用也能吸引不少受众的关注。

知识小助手

在进行朋友圈营销时，需先找到目标消费人群的共同所需点，然后针对所需点找到合适的解决方法。在这个过程中，要注意给受众留下良好的印象，再通过对这些所需点的描述为后续的成交埋下伏笔，只要得到受众的认可，产品的销售指日可待。

案例 4-2

2019 年万圣节文案——牙科系列

第四节 微信 H5 文案写作

H5 就是人们常说的 HTML5（全称为 hyper text markup language 5），是目前网络上应用十分广泛的语言，也是构成网页文档的主要语言。

在微信的大力支持之下，H5 网页作为一种营销形式被广泛应用，目前 H5 已成为微信 HTML5 网页的专有名词。常见的 H5 类型包括幻灯片放映型、交互型、游戏型、测试和答题型、提交表单型以及功能型。但无论 H5 的形式怎样变化，都离不开文案的呈现，可以说文案是 H5 的灵魂。创作 H5 文案需要经过"主题→标题→内容→排版" 4 个步骤。

一、确定主题

同其他的文案写作一样，在写作 H5 文案前先要确定主题。主题是文案的灵魂，确定了主题之后，就可以围绕主题写作文案，这样写作出来的文案才是重心稳定、主题鲜明的佳作。一般来说，可以从以下两个方面来确定 H5 文案主题。

（一）根据营销目标确定主题

根据营销的目标确定主题是 H5 文案常用的确定主题的方式，在创作文案前，首先要明白写作文案的目的是什么，需要确认文案的营销目标是活动宣传还是产品或品牌推广。

（二）根据消费者层次及心理确定主题

广受好评的文案一般都是站在受众的角度来考虑的，因此根据受众层次及心理来确定 H5 文案的主题也是一个绝妙的方法。在写作这样的文案前，文案写作人员要了解或者调查受众的类型和心理需求，这样才能更准确地抓住目标受众的心理，引起他们的兴趣，从而达到营销的效果。

二、取个好标题

H5 标题的拟定方法与微信公众号标题有所不同，H5 的标题不需要花样百出，它最为关键的是要贴合文案的主题，一般情况下可从以下 3 个问题入手写出准确的文案标题。

（1）明确标题的受众是谁，即明确品牌的目标消费人群定位，这样有助于把握受众的消费心理。

（2）明确受众比较关注什么。对受众关注点的研究有利于文案写作人员确定文案应展现的内容，最大限度地表现品牌、产品或服务的特点和优势。

（3）明确选择怎样的风格比较好。这时就需要根据对受众群体的定位、心理因素、主题的选择等的综合分析来确定标题风格。

例如，某旅游平台做 H5 营销文案，其受众就是有旅游意向的目标消费人群，这些人一般都是有经济实力的年轻人，也会倾向于回归家庭，与家人一起踏上旅程。由此该平台确定了一个"带妈妈旅行"的内容，并以此为依据确定标题风格，走情怀和温情路线来打动受众。该文案从妈妈儿时也渴望环游世界引出，引导受众带上妈妈一起旅行而拟定《为找到那片海不顾一切》的文案标题；带妈妈去北京、拉萨、杭州、香港等多个地方留下足迹，满足小乡村的妈妈"想去看看外面世界"的愿望而设定《"女汉子"妈妈的旅行记》这样的文案标题等。

案例 4-3

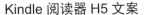

Kindle 阅读器 H5 文案

三、制作有创意的内容

H5 文案作为一种内容营销手段，其每一个字词、句子的运用，每张图片塑造的场景、传达的思想和情感等都会对文案最后的营销效果起到非常重要的作用。创作 H5 文案最关键的就是创意，H5 文案因为其表现形式的丰富性，容易激发人的各种不同的创意；创意在 H5 文案中具有存在的必然性，因为只有这样才能充分发挥出 H5 文案这种形式的优势；况且文案越有创意，越能吸引受众的注意力。那么怎样才算有创意的文案呢？一方面可以从图片和设计场景入手，给受众带来冲击力和新奇感；另一方面可以从文字入手配合图片，营造一种具有感染力的氛围。不管文案是触动人心、激发想象，还是搞笑逗乐，只要能吸引受众，让他们惊叹和佩服，他们就会认为这是一篇非常有创意的文案，并且乐意分享传播，帮助文案写作人员达到营销的目的。

知识小助手

在写作创意文案内容时还要注意图文的对应，即文案的文字和图片的风格要一致，文字表达图片所要传达的内涵，图片表现文字中体现的感情色彩，两者要相互衬托，相互融合。

四、注意排版

排版对于任何类型的文案来说都非常重要，微信 H5 文案在写作时也要注意排版。微信文案通常在移动设备上显示，其屏幕通常都比较小，因此，文案的长短、在页面中位置的摆放，文字的大小、颜色、字体，都影响着文案整体的感觉和效果。

（一）文案的长短

文案不宜过长，传达出要表达的内容即可，一般不超过整个页面的二分之一。

（二）文字的大小

文字大小要均匀合理，但并不要求文字大小一样，只要文字比例恰当，看起来和谐美观就好。此外，主要的句子或一个页面中的主题句可以用大号字体来突出，这样页面会显得主次清晰、主题突出。

（三）文字的颜色

文字与图片的颜色要有一定的差别，但不要太跳跃，如红绿的搭配、宝蓝配深紫等，否则容易显得突兀。若背景颜色或图片是深色，文字就用浅色系；若背景颜色或图片是浅色，文字则用深色系，这样图片既不会与文字混淆，也不会给受众造成阅读障碍。

（四）文字的字体类型

文案中的字体类型最好不超过 3 种，并且要与整体风格相符，太多的字体类型会显得页面很混乱。

特别的招聘文案

 复习与思考

1. 简述微信文案写作的基本要求。
2. 简述微信朋友圈文案的写作要点。
3. 简述微信公众号取名方法。
4. 简述微信公众号文案标题写作策略。
5. 简述微信 H5 文案排版的要求。

技能实训

实训题目
新媒体微信文案写作传播实训

实训目标
（1）能够通过教师讲解、案例讨论掌握相应知识点。
（2）初步学习团队合作，发挥每一个团队成员的能力，学习小组讨论、分析评价的方法，并对讨论问题进行记录和文字小结，完成案例讨论。
（3）能够形成初步的独立思考能力。
（4）能够培养初步的自主学习能力。

实训内容与要求
（1）由教师介绍实训的目的、方式、要求，调动学生实训的积极性。
（2）由教师布置模拟实训题目，题目如下。
分组结合热点事件，为"奥妙洗衣液"写作一篇微信推广文案。要求语言亲切自然，能够体现奥妙强大的去渍功能。（提示：可以当前临近的节日作为背景进行写作。）
（3）对学生进行分组、确定各小组的组长和人员分工，学习小组学习方式，制订小组计划，了解团队要做什么，要达到什么目的。
（4）由教师介绍新媒体微信文案写作的相关案例及讨论的话题。
（5）各小组对老师布置的问题进行讨论，并记录小组成员的发言。
（6）根据小组讨论记录撰写讨论小结。
（7）各组相互评议，教师点评、总结。

实训成果与检测
（1）成果要求。
① 提交案例讨论记录：教学分组按 3～5 名学生一组，设组长 1 人、记录员 1 人，每组必须有小组讨论、工作分工的详细记录，以作为考核成绩的依据。
② 能够在规定的时间内完成相关的讨论，学习团队合作方式，撰写文字小结。
（2）评价标准。
① 上课时积极与老师配合，积极思考、发言。
② 认真阅读案例、积极参加小组讨论、分析问题思路较宽。案例分析基本完整，能结合所学理论知识解答问题。
③ 团队配合较好，积极参与小组活动，分工合作较好。

参考文献

1. 喻斌. 新媒体写作教程[M]. 北京：中国传媒大学出版社，2018.
2. 陈倩倩. 新媒体文案写作与编辑[M]. 北京：中国人民大学出版社，2019.
3. 李华，廖晓文，贾悟凡. 新媒体写作与传播：文案写作 图文编辑 内容传播[M]. 北京：人民邮电出版社，2019.

第五章

微博文案写作

知识目标

- 了解微博文案的特点;
- 学会区分微博文案和微信文案;
- 掌握微博文案标题写作方法;
- 掌握微博文案正文写作方法;
- 熟悉微博文案的写作技巧及推广技巧。

重点及难点

重点

- 微博文案标题的写作;
- 微博文案正文写作方法;
- 微博文案的写作技巧及推广技巧。

难点

- 运用微博文案写作的相关知识分析问题、解决问题。

案例导入

1 亿棵之外再捐 100 万棵 支付宝微博神文案遭马云转发:网友点赞

第一节　微博文案的写作基础

微博是微型博客（micro-blog）的简称，是一个基于社交关系进行简短信息的获取、分享与传播的广播式社交网络平台，属于博客的一种。目前的主流微博平台主要是新浪微博，它作为当今最受欢迎的社交平台之一，在线注册的用户类别广泛，从明星到普通大众应有尽有，这在另一层面也反映了其中营销机会之大，微博也受到越来越多企业与品牌的重视。

> 知识小助手
>
> 微博作为一个信息分享和交流的平台，更注重时效性和随意性，能表达出用户每时每刻的思想和最新动态，甚而衍生出微小说这种小说体裁。而博客则更偏重于梳理自己在一段时间内的所见、所闻、所感。

不少企业与品牌都借助微博平台发布品牌、产品及各种活动的相关信息。这些信息都是基于营销策略，对产品、服务或品牌形象等进行的一系列有技巧、有吸引力的文案创作，以帮助更多的人了解公司的产品或服务。这种创作就是常说的微博文案。在写作微博文案时，新媒体文案写作人员应对微博文案写作的基础知识进行了解。

一、微博文案的特点

微博一直是各重大新闻与事件的首发平台，不少企业、品牌想要传达的信息也多是从此发出，同时，微博具有传播快、受众多、辐射范围广的特点，也是很多品牌文案的主要发布地。需要注意的是，不少受众都是利用碎片化时间浏览微博、获取实时信息的，受此影响，微博文案具有以下几个特点。

（一）简练精要

快节奏的生活环境下，很少有人能够耐心地阅读长篇幅的内容，为尽可能地浏览到更多的信息，人们更倾向于阅读能够在短时间内获取信息，而不需自己分析和总结的文章。因此，写作微博文案时，文案写作人员千万不要堆砌大量文字，最好做到短小精悍、言简意赅，一般字数以100~120字为最佳。

另外，值得注意的是，文案的内容要通俗易懂，即用浅显直白的文字来表述文案要传达的意思，让人一目了然。例如，欧亚卖场"37周年庆"的促销活动文案，该文案浅显易懂，受众很容易就能了解到促销的优惠力度，如图5-1所示。

图 5-1 简练精要

（二）趣味性

纵观微博平台就可以看出，在这样一个平台上若文案枯燥乏味，仅仅只是简单的讲述，势必不能吸引受众的目光。社会上的众多网络流行词汇、表情包、热点话题等，大多来自微博。在这样一个丰富多彩的交流环境下，微博文案具有趣味性的特点毋庸置疑。这具体体现在语言的个性化和配图的丰富性上，很多时候，微博文案都会带上各种各样的话题如#佛系#、#圣诞季#等，流行词汇如"安利""打 call"，以及各种表情符号的运用。同时，微博文案基本不会只使用文字，不然会显得单调，多是配上简短的视频、图片、GIF 动图、表情包、超链接等，形式丰富、趣味性强。

（三）话题比文案重要

不是每个人都是成功的段子手，都能写出有吸引力的文案，这种情况下不妨换个思路，从时下的热门话题入手，如图 5-2 所示。如果文案内容能够结合大家关注或者有吸引力的话题，必然能够获得微博用户的关注。这就要求文案写作人员要注意日常的积累，日常生活的话题、时下热门事件等都可以是积累的内容，只要找准切入的角度，就可以灵活地运用。文案工作者刚开始写文案时可能没有头绪和思路，但是只要经过一段时间的积累，不

图 5-2 微博热门话题

管是在新闻的敏感度，还是寻找素材的渠道方面，都会有一定的进步。

（四）快速传播，注重互动

发布一篇成功的微博文案后，尽量在较短的时间内引起众多用户的共鸣，进而接续转发，达到快速传播的目的，这就要求在文案写作时把握好读者的心理，并通过自己的经验和一些方法来进行文案的创作。无互动，不营销。当发出微博文案以后，如果引起了读者的兴趣并关注的话，这就是成功的第一步了，然后就是通过互动的方式来留住粉丝，就像红米上市的微博互动文案，如图 5-3 所示，让用户拥有参与感、成就感，进而长期关注你，成为忠诚的粉丝，后续就好转化了。

图 5-3　红米上市的微博互动文案

二、区分微博文案和微信文案

微博文案与微信文案都属于新媒体文案，其写作手法类似，例如，在写作时都需要对品牌、产品、受众及其心理等进行调研，以便写出符合受众需求、能吸引受众注意力的文案；都要善用流行语言、图文配合等。这里将讲解微博文案与微信文案的不同之处。

（一）字数

首先是字数限制的区别。微博文案写作需要更为简短精练，突出重点，文字无法表述完整的，可以通过图片来弥补（当然也可使用长文章，但在这种碎片化阅读占主流的平台，长文章不占优势，使用率稍低，所以要尽量写作短文案，因而微博文案写作人员要时常考虑字数限制）。相比微博，微信特别是公众号则没有这方面的顾虑，大可将最精彩的内容详尽地描述出来。

（二）吸粉能力

微博文案与微信文案都具有可读性强、易于传播的特点。但微信信息的获取更加麻烦，同样作为社交平台，微信私密性更强，用户需要搜索并关注公众号或添加好友才能看到别人的公众号文章和朋友圈，而微博文案在搜索之后可随意进行查看。因此在文案写作时，微信文案的目的性更强，更要求逻辑性，但受众和粉丝增长较慢。而微博文案面对的范围更广、对象更多，粉丝增长速度更快。

此外，用户关注微信公众号之后，文案信息的获取需要自己手动去列表中寻找，且多是长文案，用户看了几篇文案之后可能会感到疲惫。而在微博只需轻轻一划就能看到诸多及时且简短精要的消息，这对吸引新粉丝是很有利的。

知识小助手

用户搜索之后也可以直接查看微信朋友圈与公众号的内容，但只能看到一部分，不如微博的查看权限大，因此微信的这种设置对于文案的传播其实是有一定局限性的。

（三）形式

微博的呈现形式与微信不同。微信是以"标题+图片"的形式呈现（微信朋友圈文案可以没有标题），而微博是图文都能完整地呈现在受众眼前，因此如果想要秒抓用户眼球，微信文案的写作更倾向于"标题党"。

（四）投放频率

不管是微信公众号文案还是朋友圈文案，微信文案的发布频率都有一定限制。公众号分为订阅号与服务号，其发布次数是有强制规定的，订阅号一天只能推送一次消息，服务号则是一个月四次。朋友圈私密性强，为免除骚扰嫌疑一天发送次数应不多于三次。而用户在微博的关注人数远远多于朋友圈和公众号，微博文案的刷新速度快，基本每分每秒都在刷新，且用户刷微博的目的很多时候是打发时间，随意浏览，故而文案写作人员多多发送文案信息不会招来很大的反感，有些微博账号甚至一天发布信息的频率超过五次。

知识拓展：
微博文案注重有效阅读时间

案例 5-1

新媒体精彩文案欣赏

第二节　微博文案标题写作

给微博文案起一个好标题，有助于增加受众花在你文案上的有效阅读时间，进而提高文案的营销成功率。因此，新媒体文案写作人员应对微博文案标题的写法进行学习。

一、拟一个有亮点的标题

与其他新媒体文案一样，一个亮眼的标题可以快速吸引受众的注意，让受众有兴趣浏览文章的正文。尤其在发布长微博时，标题是必不可少的存在；而在短微博中，标题一般位于文案的开头，常以"【】"或"＃＃"符号作为标记，简短明了，主旨明确，有亮点的标题包括以下几种类型。

（一）号召式标题

号召式标题是用于鼓励和号召受众做出某种行为的标题，它由富有感召力和鼓动性的词句组成。这种标题的文字要有暗示作用且容易记忆，方便受众接受和传播，如图 5-4 所示。

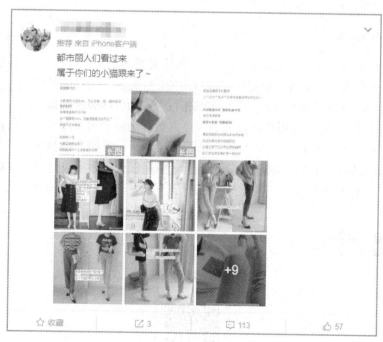

图 5-4　号召式标题

（二）悬念式标题

悬念式标题是指在标题中设立一个悬念，诱发受众追根究底的心理，从而让他跟着你的思路走下去，利用受众的好奇心引发受众的兴趣。写作这类标题时要注意以下 3 点。

1. 主旨要准确

标题要明确，既能充分展现事件的主体，又能紧密联系正文，将主体与悬念的线索融会贯通，体现文案主旨。

2. 内容要新

悬念式标题一定要是新近发生的，用能让人感到既熟悉又新鲜的事件作为标题。

3. 标题名要简洁

悬念的设置要含蓄而简明，不要使用太过暴露的话来提示受众，也不能隐藏得太深，故弄玄虚。

悬念式标题可以引发受众进行思考，让受众带着疑问去阅读文章，让受众在阅读的过程中逐渐得到问题的答案，以此吸引受众一步步阅读下去，如图 5-5 所示。

图 5-5　悬念式标题

（三）宣告式标题

宣告式标题是目前采用较多的一种标题形式。它是将文案正文的要点简要地摆明，如产品上新、生产企业或店铺的实时措施等，使人一目了然。这种标题的写法新意不足，但比较自然平实，能够让受众第一时间了解文案的主题。采用这种方式写作标题时，可以适当添加一些修饰性的或比较有新意的词语，以突出标题的独特之处，如图 5-6 所示。

图 5-6 宣告式标题

图 5-6 中宣告式"明后两年买新能源汽车免征购置税",用"#"符号将标题与其他文字隔开,直截了当地说明了文案的主要内容。

(四)诉求式标题

诉求原本是指通过某种媒介向受众诉说,以期受众做出某种反应,将其应用到微博文案标题中,就是以劝勉、叮咛或希望的口气来写作标题,以让受众认同或说服受众去做某件事情。诉求式标题的写作要注意以下 3 点。

(1)诉求式标题的语句应具有强烈的感染力。

(2)诉求式标题应该采取主动的态度来暗示或劝说受众思考或做某件事情。

(3)诉求式标题要诉以某种愿望或需要,以博取受众的关心或共鸣,达到引导受众消费的目的。

(五)颂扬式标题

颂扬式标题是指用正面、积极的态度,对产品或服务的特征、功能进行适度、合理的称赞,以突出产品或服务的优点,如图 5-7 所示。

知识小助手

颂扬式标题在表述时也要注意分寸,切忌出现自我炫耀、过分夸大等情况,以免引发受众的逆反心理和不信任感。

图 5-7　颂扬式标题

（六）提问式标题

提问式标题通过提出问题来引起受众的注意，从而促使受众产生阅读兴趣。这类标题通常包含"为什么""怎么办""如何"等字样，促使受众看到标题时产生思考，如图5-8所示。

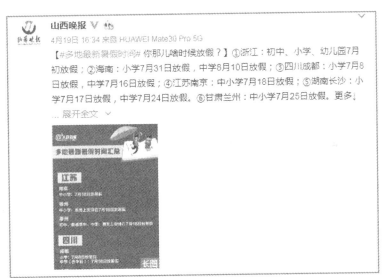

图 5-8　提问式标题

（七）对比式标题

对比式标题是通过与同类产品或功能进行对比，突出自己产品或功能的特点，加深受众对本产品的认识，如"××品牌服务，超越国家三包服务范畴""诺基亚的今天难道会是小米的明天？"等都是对比式标题。

(八)寓意式标题

寓意式标题是通过运用某些修辞手法，对标题展开贴近主题的合理联想与想象，增加标题的新意，加深受众的印象，如"中国网络营销培训七宗罪"等。

二、善用符号与句式

在使用微博的过程中，我们不难发现不少高点击率的微博文案都运用了符号与各类句式来作为标题元素。微博标题与其他标题一样，都要求能精练简短地表达文案的中心思想，更快地吸引受众的注意力，通过对符号与句式的利用能帮助标题实现这一目的。

标题中比较常用的符号有"【】""，""？""！"。

(一)"【】"

在微博短文案中，常用"【】"符号中的内容表示标题。有些微博文案的开头第一句就承担了标题的责任，既充分表意，又吸引受众的注意力，这时其实可以将其用"【】"符号标注出来作为首句标题，扩大其吸引力。

(二)"，"

"，"不仅在微博正文中被频繁使用，在微博标题过长时也会被用来起到分隔、断句的作用，使标题语义更清晰，避免因标题较长却没有断句带来的憋气感与不美观。

(三)"？"

"？"一般用于表达疑问与提问，在看到问号时人们总是不自觉地思考所提出的问题。

(四)"！"

"！"一般表示惊叹和震惊，还常伴随一种强调语气，如"双十一超大优惠在这里，就问你服不服！""美容养颜学会这两个动作就够了！"。

综上所述，在微博标题中适当运用能传达出某种语气的符号，能让受众对文案主题一目了然，文案写作人员在写作微博标题时要善用这些符号。

> **知识小助手**
>
> "#"符号除了用于标题，还用于话题，相比之下，微博标题中使用"【】"符号最佳。

第三节　微博文案正文写作

不同的人写出的文案风格不同，但成功的文案毫无疑问是能够让受众一眼就能看明白的文案。写作微博文案的正文时可以从四个方面进行考虑：写作的对象，即对受众的分析；写作的目的，即文案是为了销售还是推广等；文案的卖点，即文案展现出来的、能带给受众的好处；文案的效果，即预计受众会给出怎样的反应。微博文案写作人员在写作文案的过程中要充分结合这四个方面来考虑，并采用合适的手法加以表达，以获得受众的关注并给受众留下深刻的印象。

一、微博文案正文写作方法

（一）吸引人的开头

微博文案的开头和标题一样具有非常重要的作用，是整个文案的基础。那么怎样才能写出吸引人继续阅读下去的好的开头呢？

1. 情境导入

在软文开头有目的地引入或营造软文行动目标所需要的氛围、情境，以激起读者的情感体验。用这种方法写作的文案开头，能够渲染氛围、预热主题，引起读者的阅读兴趣。

2. 比喻修辞

不仅标题可以使用修辞手法来写作，文案正文更容易也更方便通过修辞手法来达到锦上添花的效果。正文中常用的修辞手法有比喻、比拟、借代、夸张、对偶、排比、设问和反问等，通过这些修辞手法来写作文案开头，可以让文案更有趣味性和可读性。

3. 联想猜测

联想猜测与夸张刺激较类似，但远没有那么夸张，它更倾向于写实或拟人，能让读者在看到文案的第一时间展开丰富的联想，引起读者的阅读欲望。

（二）能让人阅读下去的正文

什么样的微博文案才能算是一篇好的文案呢？它需要包含 3 个方面：一是明确写作的对象与效果，即为谁而写，他能够得到什么好处；二是为什么要这么做；三是能够解决什么问题。在写作微博文案的过程中要充分结合这 3 个方面来考虑，并采用合适的手法加以表达，这样才能获得受众的关注并给其留下深刻的印象。微博文案的正文主要有以下几种写法。

1. 新闻故事

这种写法是指通过将需要营销的产品包装成吸引人眼球的新闻故事，采用对话、描写和场景设置等方式，在展现事件和细节的同时，凸显事件中隐含的目标来推广产品。

2. 热门话题

微博中的热门话题往往是一段时间内大多数人关注的焦点，凭借话题的高关注度来进行产品或服务的宣传，从而快速获得人们的关注。热门话题营销是一种借势营销，但在选择话题时，应注意热门话题的时效性，不能选择时间久远的话题。此外，还要注意文案的措辞，不能使用生硬、低俗的话语进行牵强附会的关联，一定要保证文案内容与话题之间的自然与协调，不能引起读者的反感。

> **知识小助手**
>
> 在利用热门话题进行微博文案的写作时,要注意从正面去挖掘、营销,切记不能进行低俗和负能量的文案创作。

3. 疑难解答

除了新闻故事、热门话题,选取与人们工作、生活息息相关的话题或普遍面临的问题、难题进行文案写作也可以引起人们的关注;文案人员若能针对这些问题提出有用的解决方式,则能够得到消费者的认可。

4. 引发共鸣

"物以类聚,人以群分",如果你的文案能够选取与人们工作、生活相关的话题进行发问,引发人们的思考与交流,自然会给人留下深刻的印象。当然这需要对推广目标非常熟悉并进行仔细调研,明白能够打动消费者的点是什么,使他们对品牌或产品产生共鸣。

知识拓展:什么是具有"共鸣感"的文案?

5. 逆向思维

逆向思维也叫求异思维,是对司空见惯的已成定论的事物或观点反向思考的一种思维方式。在进行微博文案写作时,如果能够"反其道而思之",使用逆向思维,从问题的反面深入地进行探索,树立新思想和形象,就可以更快地吸引用户的眼球,并获得他们的青睐。因此,从反方向突破常规是一种非常容易吸引消费者注意力的写作方式。

6. 关联特征

世界上的任何两个事物都能联系到一起,写文案也可以通过修辞手法(比喻、夸张、拟人等)将某一事物的特点与另一事物关联起来,以达到意想不到的效果。但需注意,不同事物之间的联想一定不能生硬,必须确实存在某些共同的特征,这样才能引起读者阅读的兴趣并博得他们的好感。

知识拓展:新媒体微博文案的写作内容

二、微博文案正文写作技巧

微博文案主要是通过对微博进行转发、评论和点赞等互动行为来进行文案的传播,在写作文案的过程中,适当地添加以下三个要素,可以增加文案被受众查看的概率,扩大文案的传播范围。

(一) @

@相当于一个连接器,用户@关注的人或其他人,被@的人会收到通知,看到用户发的内容,在微博文案中可以通过@微博用户来引人查看你的内容,文案内容质量好的话,被@的人还会与其他人分享,如图5-9所示。

图 5-9 被@后分享的文案

（二）#

#代表参与某个话题，在文案中添加话题，可以让微博自动与话题连接，让微博被更多的用户看到，这样可以提高微博文案被粉丝以外人群看到的概率。

（三）链接

链接可以是文章、视频，也可以是店铺地址。只要是文案作者认为可以分享给粉丝的内容都可以用链接的形式放在文案里，如果文案本身能激发用户的兴趣，那么大部分人都会愿意点击链接查看更多的内容。

知识拓展：
灵活运用超链接

知识小助手

在微博中添加商品链接的方法很简单，输入时先按空格键与前面的内容分隔开，再输入商品的真实链接网址，然后按空格键与后面的内容分隔开，发布后网址会自动生成商品链接及其对应的真实信息。

三、微博文案推广技巧

微博文案写得再精彩，如果没有足够的受众进行查看就是竹篮打水一场空。那么怎样才能让微博文案被更多的人看到呢？下面提供了一些方法可供参考。

（一）保持足够的粉丝量

微博粉丝的数量对文案传播的效果有很大影响，微博粉丝越多则会有越多的人转发你发布的微博，这样就能提升微博被其他人看到的概率。要增加自己的粉丝数量可以通过以下 3 种方法。

1. 主动搜索受众

根据企业或品牌的性质，在微博中搜索具有类似爱好和特点的受众，进入他们的主页点击关注。如果该受众发现你关注他，也会到你的主页阅读你的博文和信息，如果你所发布的信息正好符合他的兴趣，那么他也会关注你，成为你的粉丝。

2. 保证微博更新的频率

微博是一个快速分享与传播信息的平台，如果你的微博长时间不发布新消息，或一直转发、复制他人的消息，可能会造成粉丝的流失。因此，文案写作人员既要保证每天更新微博，又要保证内容不千篇一律。一般来说，每天发布微博的数量可以控制在 5~13 条，但要间隔一段时间，不能频繁发布造成"刷屏"现象，引起受众的反感。

3. 保证粉丝的质量

虽说微博粉丝的数量越多越好，但有些粉丝几乎没有活跃度，不会转发、评论或点赞你的微博，这样的粉丝可以说形同虚设。还有一些粉丝虽然十分活跃，但他们关注的人很多，每天微博上都充斥着大量的信息，很可能忽略你发的微博。因此，要尽量保证微博的粉丝质量，让你的微博能够尽可能地出现在粉丝的首页，被他们主动转发、评论。

（二）增强互动性

微博是一个即时的信息传播平台，文案写作人员发布的消息可以在瞬间引起受众的关注和转载。因此，当文案写作人员有了一定的粉丝后，一定要经常保持与粉丝、受众之间的积极互动，这样才能增加与粉丝之间的黏性，不至于让粉丝觉得无趣并产生取消关注的念头。

常见的与粉丝互动的方法很多，如在微博中直接提问，吸引粉丝参与讨论与回复（同时自己也要积极参与其中）；发起讨论、投票和有奖竞猜等互动活动，在活跃气氛的同时，还能了解粉丝的想法与行为；多看受众的留言、评论，特别是粉丝的反馈意见，要及时做出正确回应，以保证粉丝的忠诚度；转发粉丝评论也是一种有效的互动方法，这会让粉丝有种被"翻牌"的惊喜感，继而调动他们的互动积极性。

知识拓展：如何抓住文案的小情绪？

（三）提高文案撰写质量

微博是一个个性化的信息分享平台，文案写作人员可以自由地发表自己的看法和意见，也可以对其他人的言论进行评论。但是滥发文案容易丢失粉丝，特别是在前期需要增加粉丝数量时，更要注意微博文案的质量，多发布一些原创的、实用性强的、有价值的内容，这样可以引起受众的好感，提高微博的转发率。

案例 5-2

小猪佩奇、延禧攻略的月饼你见过吗？

案例 5-3

最具争议的公益性案例《此处故意留白》

复习与思考

1. 简述微博文案的特点。
2. 简述微信文案与微博文案有什么不同。
3. 简述微博文案怎样才能写出吸引人继续阅读下去的好开头。
4. 简述微博文案标题的类型。
5. 简述微博文案的推广技巧。

技能实训

实训题目

微博文案写作实训

实训目标

(1) 能够通过教师讲解、案例讨论掌握相应知识点。

(2) 初步学习团队合作，发挥每一个团队成员的能力，学习小组讨论、分析评价的方法，并对讨论问题进行记录和文字小结，完成案例讨论。

(3) 能够形成初步的独立思考能力。

(4) 能够培养初步的自主学习能力。

实训内容与要求

(1) 由教师介绍实训的目的、方式、要求，调动学生实训的积极性。

(2) 由教师布置模拟实训题目，题目如下。

分组讨论，在微博上找一则明星发布的文案，该文案运用了哪些写作技巧？

(3) 对学生进行分组、确定各小组的组长和人员分工，学习小组学习方式，制订小组计划，了解团队要做什么，要达到什么目的。

(4) 由教师介绍新媒体微博文案写作的相关案例及讨论的话题。

(5) 各小组对老师布置的问题进行讨论，并记录小组成员的发言。

(6) 根据小组讨论记录撰写讨论小结。

（7）各组相互评议，教师点评、总结。

实训成果与检测

（1）成果要求。

① 提交案例讨论记录：教学分组按 3～5 名学生一组，设组长 1 人、记录员 1 人，每组必须有小组讨论、工作分工的详细记录，以作为考核成绩的依据。

② 能够在规定的时间内完成相关的讨论，学习团队合作方式，撰写文字小结。

（2）评价标准。

① 上课时积极与老师配合，积极思考、发言。

② 认真阅读案例、积极参加小组讨论、分析问题思路较宽。案例分析基本完整，能结合所学理论知识解答问题。

③ 团队配合较好，积极参与小组活动，分工合作较好。

参考文献

1. 喻斌. 新媒体写作教程[M]. 北京：中国传媒大学出版社，2018.
2. 陈倩倩. 新媒体文案写作与编辑[M]. 北京：中国人民大学出版社，2019.
3. 李华，廖晓文，贾悟凡. 新媒体写作与传播：文案写作 图文编辑 内容传播[M]. 北京：人民邮电出版社，2019.
4. 宋俊骥，孔华. 电子商务文案：创意、策划、写作[M]. 北京：人民邮电出版社，2018.
5. 孙清华，吕志君. 电商文案写作与传播[M]. 北京：人民邮电出版社，2019.
6. 廖敏慧，吴敏，李乐. 电子商务文案策划与写作[M]. 北京：人民邮电出版社，2019.
7. 陈庆，黄黎，徐艺芳. 移动商务文案写作[M]. 北京：人民邮电出版社，2018.
8 兰晓华. 说服力：电商文案这样写才有效[M]. 北京：清华大学出版社，2016.
9. 龚芳，刘宁，焦韵嘉. 电子商务文案策划与写作[M]. 北京：北京邮电大学出版社，2018.

第六章
短视频文案写作

 知识目标

- 了解短视频的含义、特点;
- 熟悉短视频的类型;
- 了解短视频文案写作的注意事项;
- 熟悉短视频文案的写作技巧;
- 掌握短视频脚本的写作技巧。

 重点及难点

重点
- 短视频的类型;
- 短视频文案的写作技巧;
- 短视频脚本的写作技巧。

难点
- 运用短视频文案写作的相关知识分析问题、解决问题。

疫情点燃直播电商风口,短视频成为新的营销方式!

第一节　短视频概述

一、短视频的定义

短视频即短片视频,是在新媒体上传播的,适合在移动状态和短时休闲状态下观看的、高频推送的视频内容,一般时长在 5 分钟以内;随着移动终端普及和网络的提速,短、平、快的大流量视频传播内容逐渐获得各大平台、粉丝和资本的青睐。

短视频内容融合了技能分享、幽默搞怪、时尚潮流、社会热点、街头采访、公益教育、广告创意、商业定制等主题,由于时长较短,可以单独成片,也可以组成系列节目。

知识拓展:
短视频发展现状

二、短视频的特点

不同于电影和直播,短视频制作并不像微电影一样具有特定的表达形式和团队配置要求,具有生产流程简单、制作门槛低、参与性强等特点,又比直播更具有传播价值,超短的制作周期和趣味化的内容对短视频制作团队的文案以及策划功底有着一定的挑战,优秀的短视频制作团队通常依托于成熟运营的自媒体或 IP①,除了高频稳定的内容输出,也有强大的粉丝渠道;短视频的出现丰富了新媒体原生广告的形式。

短视频在制作上更为简捷,工序少、周期短、成本低、设备简易、参与性强、传播迅速,可以一个人使用一部手机来完成拍摄工作。

短视频力求精短,要求在短到几秒钟、长到几分钟的时间内,将具有一定的情趣性和精彩度的内容融进去,常常包含悬念、逆转、好奇、笑点、励志等元素。这不是一件容易的事情,这对短视频制作者的文案策划、脚本创作和演员的表现能力都是一种考验。

知识拓展:
短视频的监管

三、短视频的类型

(一)短纪录片

和人类早期的电影是纪录片一样,短视频最早的类型也是纪录片。在我国,较早制作的短视频是《外滩画报》前总编徐沪生在其创办的微信公众号"一条"上发布的,其内容是以超短纪录片的形式呈现的生活短视频,通过优酷、土豆、腾讯等网站视频播放平台传播,每集时长 2~5 分钟。

"一条""二更"是国内较早出现的短视频制作团队,其内容多数以纪录片的形式呈现,内容制作精良,其成功的渠道运营优先开创了短视频传播变现的商业经营模式,被各

---

① IP 是成名文创(文字、影视、动漫、游戏等)作品的统称。

大资本争相追逐。

知识小助手

杭州二更网络科技有限公司从2014年11月30日开始，每天晚上20:00—21:00（"二更"时分）推送一部原创短视频，每集时长3~6分钟，被称为"二更"短视频。它将镜头对准现实生活中的人物，聚焦当下和人们生活密切相关却又被忽略的人文、温情、美食、风光、公益等。

（二）网红IP型

网红就是网络红人的简称，是指在现实生活或网络空间因某一事件或行为被网民关注而走红的人。比如奶茶妹妹、papi酱、回忆专用小马甲、艾克里里等网红形象在互联网上具有较高的认知度，庞大的粉丝基数和用户黏性背后潜藏着巨大的商业价值。

这种利用网络红人形象在互联网上制作的网红IP型短视频也十分火爆。这类短视频内容贴近生活，以青春偶像、呆萌可爱、搞笑无厘头为主。

（三）草根恶搞型

以快手为代表，大量草根网民借助短视频风口在新媒体上输出搞笑内容，比如帅哥美女、网红明星、段子手、宝宝萌宠、社会摇、鬼步舞等。它们以迎合一部分网民审美情趣的恶搞、无厘头甚至瞎胡闹为主。这类短视频虽然存在一定争议性，但是在碎片化传播的今天也为网民提供了不少娱乐谈资。

（四）情景短剧型

依靠精彩搞笑的故事情节吸引受众的情景短剧型视频占据当今短视频市场很大的份额。比如套路砖家、陈翔六点半、报告老板、万万没想到等团队制作的内容大多偏向此类表现形式，该类视频短剧多以搞笑创意为主，在互联网广泛传播。

（五）技能分享型

随着短视频热度不断提高，技能分享类短视频也在网络上有非常广泛的传播。技能分享型短视频是指通过展示某个具体事件，让观众从中获得某种经验或某种技能。这类短视频往往具有一定的故事情节，因寓教于乐而备受推崇。

（六）街头采访型

街头采访也是目前短视频的热门表现形式之一，其制作流程简单，话题性强，深受都市年轻群体的喜爱。

（七）创意剪辑型

利用剪辑技巧和创意，或制作精美，或搞笑鬼畜，有的加入解说、评论等元素，也是不少广告主利用短视频热潮植入原生广告的一种方式。

案例 6-1

短视频生态混战，得 AI 者得天下

第二节　短视频文案写作

一、短视频文案写作的注意事项

短视频在保持自身优势的同时，充分吸收了其他媒体的特点，成为集百家之长的新兴营销载体，可以说是整个移动互联网生态链的重要一环。

相比于文字、图片、长视频等传统形式，短视频具有表达力强、创作门槛低、互动和社交属性强等多重特征，可以更加直观、立体地满足用户间展示、分享及互动的诉求。要写出优质的短视频文案，需要注意以下几个要点。

（一）蹭热点

蹭热点可以说是最简单易学的办法，可以在短时间内撬动非常高的流量，这是普通选题无法达到的。

（二）低门槛

爆文背后很深层的一个逻辑叫作低门槛，任何爆火的东西都存在这样的逻辑。一个老少皆宜、大家都能看懂的短视频就很有可能成为爆款，因为它的传播成本非常低，不是只有特定人群才能欣赏。

（三）产生共鸣

想让自己的短视频成为爆款就一定要和受众产生共鸣，共鸣分为正向共鸣和反向共鸣。正向共鸣是别人的认同感，反向共鸣则是别人的不认同感，两者都容易引发受众的热议，从而带动话题，提高爆款产生的概率。

知识拓展：
爆款短视频注意事项

（四）明星效应

明星对普通人的生活拥有着足够大的影响力，通过娱乐化的方式和受众进行情感互动，让受众在进行精神享受的同时传达短视频自身的价值，不失为一种好方法。明星相关的短视频文案除了写娱乐八卦，还可以写其他内容，比如和明星合作进行现场采访等。

二、短视频文案的写作技巧

（一）短视频的标题文案

和其他叙事类文体写作一样，短视频的标题写作十分重要，它往往决定着作品传播的影响力和受众的关注度。短视频的标题像一个人的名字一样，能让人迅速记住并让人产生记忆与联想。在短视频平台的推介算法机制中，用户每天会收到数以万计的推介视频，想要在成千上万的信息瀑布流中获得播放量，标题文案发挥的"首因效应"作用非常明显。

好的短视频标题中往往含有悬念、稀奇、煽情、诱惑、扣人心弦甚至匪夷所思等元素，让受众看了标题就会产生强烈的了解欲，迫不及待地点开标题想一睹为快。

概括起来，短视频标题文案写作主要有如下特点。

首先，标题需能让受众产生联想。比如电影《我不是潘金莲》改名之前叫《我叫李雪莲》，片名在改动之前略显平淡，"李雪莲"这个名字在大众中的认知度较低，远远不如大家熟悉的"潘金莲"，受众对戏剧人物"潘金莲"既充满好奇又充满无限的想象，如此命名能挑动受众的敏感神经，使话题本身具有争议性。

其次，短视频标题对推介算法渠道有重要影响。我们所熟知的美拍、UC、企鹅、头条都采用了推介算法渠道。这种推介算法机制能更加准确地捕捉到用户的兴趣点。推介算法机制简单说就是机器分析视频内容，然后从视频内容中提取信息和重要关键词，然后对提取内容进行分类处理，再将处理后的信息分发给相应的人群。目前这种机器算法对视频图像信息的确有一定解析能力，但相对文字而言，图像解析内容提取关键词的精确度还存在很大局限性，机器在解析文字信息的优先级别上是高于图像的。用户如果想让视频内容最大限度被展示，最有效的途径便是从短视频的标题、描述、标签和分类方面下功夫。

再次，短视频标题要直白。直白的标题能为受众构建一个简单生动的场景，如《她的头发近 20 米，最后嫁给了理发师！》，在这个标题中，20 米的长发具有很强的画面感，后半句的突然转折为受众带来很强的联想冲击，会引导受众接着想下去，促使受众观看视频来看看"结果如何"。

此外，短视频标题要能勾起受众的好奇心，比如《被抖音骗了，住上了西安的网红酒店，结果让人目瞪口呆》，这是有关西安旅游在抖音上投放的众多 15 秒短视频广告的其中一个。这类标题主要分为两个部分：第一部分话说一半，故意制造悬念，受众受好奇心驱使会点击看看究竟发生了什么；第二部分是制造悬念和神秘感，从而引发联想。

另外，短视频广告和传统 TVC[①]一样，也需要利用名人效应。传统 TVC 广告中使用名人代言的目的是让产品具有连带效应，但很少将名人放在标题中，否则会让广告内容喧宾夺主。但在短视频广告的产品品牌宣传中常常把名人放在标题中，充分利用名人的影响力和号召力吸引受众点击播放，如《热剧来疯98：马可拔剑怒指乔振宇：禽兽放开那个女孩》，这一视频的内容是新剧《屈原》的宣传物料，视频在标题中加入了明星的名字，使得即便是对本剧不感兴趣的人，也会因为马可和乔振宇的明星效应点击视频，从而增强该剧的宣传效果。

---

① TVC，television commercial，是指运用电视摄像设备拍摄的广告片。

最后，借势营销在短视频品牌传播中也常常用到，短视频的制作成本远远低于传统TVC，它并不要求"高大上"，相反，它追求的是"接地气"，结合社会热点制作的短视频往往能在短时间内吸引很多流量，产生不错的播放效果。

（二）短视频的图像文案

在管理学上有一个著名的木桶效应，此理论用在短视频品牌传播中依然奏效，即一则播放量上佳的短视频不仅需要一个具有诱导性的标题，视频的字幕、贴图和图像的质量、故事的创意、搭配的音乐，一个都不能少！每一个元素都不能出现短板，否则都会在某种程度上影响短视频传播的质量和效果。

> **知识小助手**
>
> 木桶效应讲的是盛水的木桶是由多块木板箍成的，盛水量也是由这些木板共同决定的。若其中一块木板很短，则此木桶的盛水量就被限制，该短板就成了这个木桶盛水量的"限制因素"（或称"短板效应"）。若要使此木桶盛水量增加，只有换掉短板或将其加长才行。人们把这一规律总结为"木桶原理"或"木桶定律"，又称"短板理论"。

首先，短视频在画面的质感、清晰度、专业度方面都无法与传统TVC相提并论，传统TVC一般是由一支强大的专业团队在花费资金较多，投入时间和精力较多的情况下拍摄而成。拍摄一支15秒TVC的成本动辄上百万元，拍摄加制作时间也会长达几个月到半年不等。而短视频是利用受众零散的碎片时间主动播放，因此在画面质感上没有传统TVC要求那么高，受众更习惯观看非专业的随手拍。短视频更注重画面的刺激感和新颖度，受众对画面创意度的期望高于对拍摄技术的期望。

其次，短视频中内容更像是"长"在有趣的视频内容中的"原生广告"，在短视频中如夹杂广告宣传，对品牌信息的展现变得若隐若现，似有似无，要让受众在不经意间看见品牌信息，品牌广告要做到不被发现、不被察觉，否则容易让受众产生反感。

最后，短视频中通常有贴画装饰，在短视频创作中，贴画装饰需要符合内容调性，不能风马牛不相及。另外，短视频中的贴画装饰也是一种广告形式，这种做贴画装饰的广告品牌一般需要是知名度较高的大品牌。

（三）短视频的音乐文案

在短视频中，音乐的作用非常重要，主要是用于营造氛围，注重与受众的情感交流，创作者通过选择符合宣传诉求的音乐旋律和歌曲，感染受众，其目的并不是要起到立竿见影的推广效果，而是希望通过音乐与受众进行心灵层面的交流、情感层面的共鸣，从而让受众对短视频中出现的内容留下情感记忆。

（四）短视频中的系列广告文案

所谓系列广告是指在同一媒体或不同的媒体上轮番传播的一组广告，而这组广告是基于同一主题或同一风格而发展的一种以上的创意表现。在传统的TVC广告宣传中比较重视整合营销传播，整合营销传播一方面把广告、促销、公关、直销、CI、包装、新闻媒体等一切传播活动都涵盖到营销活动的范围之内；另一方面则使企业能够将统一的传播资讯传达给消费者，即"用同一种声音说话"。然而在短视频的品牌宣传中更像是对这种理念的颠覆，它更强调的是用碎片式的方式，从多个维度传播产品信息，不再局限于广告产品的某一个诉求点，是一种既讲重点又讲全面的全新品牌信息传播模式。

例如，星巴克在抖音上的宣传短视频，从多个维度传播了星巴克的信息，《星巴克点单全攻略！找到最适合你的咖啡》《星巴克居然出盲盒啦！》《解锁星巴克隐藏菜单！赶紧收藏，带上视频去点单吧！》《和朋友去星巴克，不知道点什么？瞎尴尬，这份攻略一定要收藏》《你缺的不是星巴克，你缺的是叫你省钱喝星巴克的我》《金箔星享卡——星爸爸 20 周年纪念款星享卡，也可能是最后一张实体星享卡了》，这几条抖音 15 秒的视频分别传播了星巴克的格调、点单攻略、省钱攻略，以及星巴克推出的星享卡等内容，颇具创意，播放量都在 10 万+，视频内容也摒弃了传统 TVC 的高大上，舍弃了故事性和深度，用直白浅显、富有冲击性的形式实现了品牌推广。

三、短视频脚本的写作技巧

（一）短视频脚本的含义

脚本是指表演戏剧、拍摄电影等所依据的底本或者书稿的底本。短视频脚本则是指拍摄短视频所依据的大纲底本。短视频脚本是故事的发展大纲，在拍摄视频前，需要在脚本中确定故事的整体框架，包括故事发生的时间、地点；故事中有哪些人物，每个人物有哪些台词、动作及情绪的变化；每个画面拍摄的景别分别是什么，用哪些拍摄角度来突出特定场景的环境、情绪等。这些细化的内容都需要在撰写短视频脚本时确定下来。

（二）短视频脚本的类型

短视频脚本大致分为三类。

1. 拍摄提纲

适合类型：新闻纪录片或部分故事片。

拍摄新闻纪录片时，会有很多不确定性因素，制作拍摄提纲就需要把预期拍摄的要点一一列出来。而拍摄故事片时，当有些场景难以预先分镜头时，导演和摄影师就需要抓住拍摄要点共同制作拍摄提纲，在拍摄现场灵活处理。

知识小助手

如果短视频拍摄时没有太多的不确定性因素，尽量不要采用这种方式。

2. 分镜头脚本

一个基本的短视频分镜头脚本主要包含景别、技法、画面、设备等内容，可以根据自己制作短视频的需求，酌情添加或者删减，然后根据最终的脚本模板填充内容。分镜头脚本要求十分细致，每一个画面都要在掌控之中，包括每一个镜头的长短，每一个镜头的细节，如图 6-1 所示。当然，根据不同的情境设计，账号定位垂直需求，视频脚本模板的内容也不尽相同。

镜号	景别	技法	画面	设备	备注
一、女孩家楼下 夜					
1	大全	微摇	男孩趴在雨地里，刚被打过的样子，很狼狈。	大摇臂	
2	近景	手持	难过表情，三组以上（抬头、摇头、咧嘴等）。		
3	特写	固定	拳头砸地，溅出水花。		高速摄影
4	中景	固定	过肩拍天空，女孩撑伞入画。		
5	近景	固定	起身。		
6	中景	摇移	起身，打个趔趄，女孩伸手要扶，被男孩甩开，跑向远方。	轨道	
7	近景	固定	女孩表情痛苦。		
二、街边 日					
1	小全	固定	男孩在街边弹吉他卖唱。		
2	近景	固定	男孩继续卖唱，女孩腿入画。		
3	中景	固定	男孩主观镜头，女孩一动不动地听唱歌。		
4	近景	固定	女孩作为前景，男孩看了女孩一眼，继续低头唱歌。		
5	近景	跟摇	过肩，女孩蹲下，托下巴，听得很沉醉。		转黑

图 6-1 短视频脚本示例

3. 文学脚本

相比于其他两类脚本类型，文学脚本基本上列出了所有可控因素的拍摄思路。

知识小助手

新闻类短视频适合用拍摄提纲；故事性强的短视频适合用分镜头脚本；不需要剧情的短视频适合用文学脚本。

（三）短视频脚本的作用

短视频脚本主要用于确定故事的发展方向，指导短视频拍摄剪辑。短视频脚本给后续的拍摄、剪辑提供了一个精细的流程指导，拍摄时只需要顺着流程往下走，就能快速完成拍摄，提升效率。

短视频虽短，但每一个画面、每一句台词都需要精雕细琢，包括每一个场景、景别、道具、动作、音乐等，这样精细化拍摄和剪辑出来的视频才能给观众最优质的视觉呈现。

（四）短视频脚本的写作技巧

短视频的写作可以参考公式：五步骤+二要素。

1. 五步骤

五步骤指的是在创作短视频脚本时，具体可以按照五个步骤来展开。

（1）拟大纲，建框架。短视频脚本列大纲的目的在于提前设计好人物、环境相互之间的联系。根据账号定位确定故事选题，建立故事框架，确定角色、场景、时间及所需要的道具，然后根据这些"道具"开始创作故事。

（2）定主线，有支撑。脚本是一个故事的灵魂，也就是短视频的核心，不管是搞笑还是剧情类脚本，故事本身有价值才能支撑起脚本。例如"一禅小和尚"账号发布的视频，每一个视频都是以感情中的感悟为主线，通过小和尚向师父提问，引出师父的回答，直击人心，如图6-2所示。

又如李子柒的视频，始终以农村生活的日常为主线展开，有时候是展示一顿饭的制作过程，有时候是如何利用各种果子做小甜点，甚至还有弹棉花的"日常"，如图6-3所示，这些看似毫无关联的"故事"却都没有脱离农村生活这条主线。

图6-2　一禅小和尚　　　　　　　图6-3　李子柒

（3）场景设计。虽然影视剧常常有"绿布"场景设置，但短视频与影视剧的不同之处在于短、平、快，制作成本低，且要在短短几分钟内甚至一分钟以内表达一个主题，这时利用真实场景更能让人有代入感。例如，要拍摄办公室故事，却将拍摄场景定在卧室，不仅没有代入感，也没有真实感，无法让用户产生观看的欲望。当然，如果制作成本没有上限且团队的剪辑技术精良，也可以尝试使用更多特效来丰富视频场景。

（4）对时间的把控。对时间把控是留住受众的技巧。一个一分钟的视频脚本怎么写？需要在15秒左右的地方设置一个反转或者爆点，以便留住受众。

（5）主题升华。受众喜欢什么样的视频？会点赞哪些内容？哪些内容对他是"有用"的？这里的有用可以是技能上的，也可以是情绪上的。因此，在写作短视频脚本时，一定要在内容中升华主题。

2. 三要素

三要素指的是写短视频脚本时可以用到的技巧要点。

（1）要素一：设置冲突和转折。为什么人们喜欢对剧本一边吐槽一边却欲罢不能？因为反转多，冲突大。

（2）要素二：熟练掌握不同景别及摄法的用处。景别和摄法是短视频脚本中的两个关键点。不同的景别所突出的重点不同，不同的摄法所展示的画面感又有区别。

景别包括远景、全景、中景、近景、特写。不同的景别下的人物所突出的情绪和动作不同。例如，中景是拍摄人物膝盖至头顶处，在能看清楚人物表情的同时，还能展现人物的形体动作。如果短视频脚本设计的剧情需要突出细节，则需要用到特写，特写就是画面的下边框在成人肩部以上的头像，或其他被摄对象的局部。特写可以营造悬念，能细微地展现人物面部表情，刻画人物，体现复杂的人物关系，它具有生活中不常见的特殊的视觉感受。

摄法包括：推、拉、摇、移、跟、升降镜头，前推后拉、环绕运镜、低角度运镜等镜头运动。不同的镜头运动方式，所产生的画面效果也不一样。例如，推镜头主要用于突出主体人物细节，突出重点形象或情节。升降镜头则常常用来展示事件或者场面的规模和气势，还能表现画面中情感状态的变化。

（3）要素三：模仿。如果结合上述短视频脚本的写作方法，还是觉得不会写脚本，那么可以尝试先模仿。什么视频火，就模仿别人的视频写一个脚本，然后进行拍摄和剪辑。或者提炼爆款视频中的亮点，还原精彩片段，进行二次创作。

案例 6-2

印度美女医生借中国短视频平台科普防疫常识 走红网络圈粉 50 万

复习与思考

1. 简述短视频的类型。
2. 简述写作短视频文案的注意事项。
3. 简述短视频文案标题写作的特点。
4. 简述短视频写作技巧的三要素。
5. 简述短视频脚本的含义。

6. 简述短视频脚本的类型。

技能实训

📋 实训题目

新媒体短视频文案写作实训

🔍 实训目标

(1) 能够通过教师讲解、案例讨论掌握相应知识点。

(2) 初步学习团队合作，发挥每一个团队成员的能力，学习小组讨论、分析评价的方法，并对讨论问题进行记录和文字小结，完成案例讨论。

(3) 能够形成初步的独立思考能力。

(4) 能够培养初步的自主学习能力。

💡 实训内容与要求

(1) 由教师介绍实训的目的、方式、要求，调动学生实训的积极性。

(2) 由教师布置模拟实训题目，题目如下。

搜集抖音、快手等短视频平台的视频，讨论并总结各平台短视频文案侧重点有何不同。

(3) 对学生进行分组、确定各小组的组长和人员分工，学习小组学习方式，制订小组计划，了解团队要做什么，要达到什么目的。

(4) 由教师介绍新媒体短视频文案写作的相关案例及讨论的话题。

(5) 各小组对老师布置的问题进行讨论，并记录小组成员的发言。

(6) 根据小组讨论记录撰写讨论小结。

(7) 各组相互评议，教师点评、总结。

实训成果与检测

(1) 成果要求。

① 提交案例讨论记录：教学分组按 3~5 名学生一组，设组长 1 人、记录员 1 人，每组必须有小组讨论、工作分工的详细记录，以作为考核成绩的依据。

② 能够在规定的时间内完成相关的讨论，学习团队合作方式，撰写文字小结。

(2) 评价标准。

① 上课时积极与老师配合，积极思考、发言。

② 认真阅读案例、积极参加小组讨论、分析问题思路较宽。案例分析基本完整，能结合所学理论知识解答问题。

③ 团队配合较好，积极参与小组活动，分工合作较好。

参考文献

1. 喻彬. 新媒体写作教程[M]. 北京：中国传媒大学出版社，2018.
2. 陈倩倩. 新媒体文案写作与编辑[M]. 北京：中国人民大学出版社，2019.
3. 李华，廖晓文，贾悟凡. 新媒体写作与传播：文案写作 图文编辑 内容传播[M]. 北京：人民邮电出版社，2019.

第七章 软文写作

知识目标

- 了解软文的基础知识；
- 掌握不同类型软文的写作技巧。

重点及难点

重点
- 不同类型的软文写作技巧。

难点
- 运用软文写作的相关知识分析问题、解决问题。

案例导入

我害怕阅读的人

第一节 软文概述

软文是相对于硬性广告而言的，它没有直接的广告目的，仅仅将广告信息巧妙地融入文章里，潜移默化地影响消费者。如今广告信息太多、太杂，消费者也都日益理性，不喜欢硬性推销的广告,他们情愿自己去寻找所需要的信息,这种情况下,软文就出现了。

一、软文的内涵

软文对于读者来说是一个陷阱,充满吸引的同时隐含诱惑。读者看软文是因为想了解里面的内容,说它是陷阱则是因为潜在的广告信息。软文对于商家来说,是一个挂着鱼饵等待顾客上门的鱼钩,顾客是否"上钩"就要看软文内容是不是吸引人了。脑白金、肠清茶等产品都凭借软文创造过销售奇迹,而软文发展到今天,其形式内容的多样性和技巧性也远远超过了以往。

(一)软文的含义

软文,顾名思义,首先是为读者阅读而写作的文章,具有可读性、感染性、传播性,而其中的"软"则是指文章必须以旁敲侧击、隐藏内涵等手段进行商业主题的推广。

从广义来看,软文指企业营销团队或个人通过策划在新媒体、杂志或网站等宣传载体上刊登的可以提升企业品牌形象和知名度,或可以促进企业产品销售的一些宣传性、阐释性文章,包括深度文章、付费短文广告、案例分析等形式,还有特定的新闻报道。

> **知识小助手**
>
> 在文案范围里,一篇完整的新闻性文案就是我们常说的新闻稿,要区分软文和新闻稿,就要看文案里是否有新闻事件。若文案内容涉及企业获奖信息、企业最新活动等,为新闻稿;若文案内容涉及公司商品评测、企业发展计划等,则为软文。

(二)软文的特点

从软文最基本的构成和功用来看,它有以下四大特点。

1. "软"

"软"是软文的首要特点,它的"软"是与硬广告的"硬"相对的,具体表现为:通俗易懂,即用浅显、言简意赅的文字表达,让读者易于接受;内容精彩,不同于过于张扬的广告宣传,而是于无声处影响消费者。

2. "准"

任何一篇文章都要有主题,而软文短小精悍,更要求主题精准。所谓精准,就是软文写作者在写作之初一定要明确软文的目的、面向的读者群,确定软文的噱头和矛盾以及定位软文的诱惑点。

确定以上要素后,着笔写作时,作者在保持文章精彩度的同时,要保证软文内容的真实性,不确定、没把握的不要写,更不要为了营造某种效果而夸大其词,歪曲事实。

3. "快"

说到"快",可能很多人会觉得软文是速成品,速成品是对软文的一个误读。这里所说的"快"是指一篇成功的软文传播速度快,容易引发转载,要达到这样的效果,就要求写作者有足够的经验,对软文所宣传的内容精通,对所要表达的内容有深入调研,写起来才会表达准确、得心应手。

4. "新"

"新"主要针对新闻性软文而言，比如针对新公司开张、上市、收购，新产品发布等的软文就要求很高的时效性，及时报道才能及时传播扩散，才能在短时间内提升企业形象。

（三）软文与硬广的区别

同样，作为营销手段来说，硬广就像是没有包装，直接把销售目的暴露在外的裸子植物。而软文就像是形状各异，用厚薄不一的果皮包裹以宣传为核心的被子植物。两者由于特点的不同而分了家。

知识拓展：
硬性广告

1. 表达内容不同

简单划分，在报纸、杂志、电视、广播这四大传统媒体上看到的宣传产品的纯广告就是硬性广告。硬性广告只有产品的相关信息，内容多为好记又顺口的口号式话语，如"送礼就送脑白金""好空调，格力造"这样的广告词。

和硬性广告相比，软文追求润物无声的传播效果，讲究软硬兼施，以时时刻刻都在渗透人心的力量，将文字的营销价值发挥到极致。

2. 载体和宣传方式不同

软文和硬广在传播载体和宣传方式上可以说是各有千秋。硬广主要在电视媒体、广告群等平台上播放，传播速度快，如观众前一天才看到的某新款洗发水广告，隔天发现它被摆在超市促销，就会产生一种熟悉感。

而软文则主要是在网站论坛和各大社交媒体上发布，形式多样、渠道丰富，相对硬广而言渗透力强，更容易被消费者接受。软文具有实用的参考价值，由于其表达方式循序渐进，商业味淡，消费者看了可以增长见识，令人愿意相信。

3. 费用存在差异

硬广的宣传费用往往占企业销售费用支出的大部分，特别是在电视上投放广告的价格极高。

相对于这一点，软文则是用较少的投入，吸引潜在企业、商家的眼球，增强产品的销售力。在软文的潜移默化下，很容易达到产品的策略性销售目的。

例如，旅游区的营销宣传，硬广是立一个广告牌指出景区的方向，而软文则是在手机上推送文章，为大家讲解景区布局及特色。因此，软文产生的费用并不算高昂，甚至能实现零投入的推广。

4. 面临不一样的挑战

两种营销模式都有各自的弊端，硬广由于其单向传播，不考虑消费者是否接受，面临让消费者产生反感的挑战。而软文由于其渠道多样化，媒体也不进行相应的质量把关，要提升公众的信任度相对较难。

（四）软文的优势

软文越来越受到商家的青睐，甚至很多人预测软文营销今后将会是最受欢迎、最有效、覆盖面最广的营销方式之一。那么软文营销到底有哪些优势呢？

1. 成本低

传统的硬广费用昂贵，但是软文的成本只是人力成本，它的广告费用是硬广的十分之一、百分之一甚至千分之一。

2. 软文的实质其实是广告

软文的实质就是广告，这是不可避免的商业本性。因此，不论软文怎么策划和传播，都是为了宣传。

3. 高质量外链

很多人写软文的时候都会加上微店的一些链接，由于软文的高效性，这些文章就成了微店的高质量外链，有利于提高店铺的排名。

4. 能把商品卖点说透彻

只是让用户相信了还不行，还需要把商品卖点说得透彻，不然用户弄不明白情况，还是无法实现销售，而软文能将卖点说得透彻。

5. 增强口碑

好的软文可以给店铺带来好的口碑。口碑营销也是一种重要营销手段，随着时间的推移，用户对店铺的信任度会不断增加。

6. 把客户变成粉丝

店铺每天都有新客户和老客户来访问，某些公司往往只注重挖掘新客户却忽视了老客户，其实这是一个不明智的做法，因为老客户才是最稳定的购买力，而软文就是一个留住老客户最好的手段。

二、软文的作用

一篇好的软文，不仅能够给企业带来销售量的提升，而且其本身就是一个高质量的入口，能够让读者进入企业的持续营销范围。

（一）软文的直接作用

1. 吸引用户

无论是直接做产品营销的软文，还是扩大品牌知名度的软文，都需要吸引读者，让他们产生兴趣，引发关注和购买行为。

2. 提高品牌知名度

软文为读者提供独到的观点和视角，通过敏锐的洞察力，帮助读者解决实际问题，在获得读者信任的同时，对企业的宣传和推广活动也能产生积极的影响，在某种程度上能够有效地提高企业的知名度。

3. 传播企业文化

企业可以通过软文向读者展示企业形象，在读者心中留下好印象。如果软文的内容足

知识拓展：
软文吸引用户的方法

够好，还可以吸引持相同观点的人进行深入讨论。

知识小助手

软文的直接作用的关键点在于"转化"，即将普通读者转化成软文读者，再转化为潜在用户群体、购买群体，直到成为品牌忠实粉丝。

（二）软文的间接作用

在软文发展多年之后的今天，一些营销人员发出由衷的感叹：软文营销已经被普遍运用，受众已经变得越来越"难付"，对软文有了免疫力。的确，相比20世纪90年代脑白金、海尔、格力依靠软文创造的营销奇迹，如今互联网时代的软文营销或许无法直接再创辉煌，但却因为其强大的间接作用而拥有了新的生命力。软文的间接作用包括对外和对内两个方面。

1. 对外

优秀的软文，不考虑其对营销业绩和利润的直接提高，仅在对外宣传展示上就有如下积极作用。

（1）积累信任。销售基于信任，以微信朋友圈营销为例，相比陌生人而言，用户更愿意购买熟人的产品。在朋友圈的软文营销下，读者虽不会立刻购买软文中的某一特定产品，也会因为阅读行为和体验，对发布者产生特有的信任感并不断积累，最终购买其产品。

（2）相互转载。不同营销团队或传播平台，可以通过相互转载软文来扩大影响范围。例如，微博之间，能够通过朋友的转载形成不断传播，打造病毒式营销的基础。这样不仅可以在单一产品营销中获得优势，也能扩大传播渠道的未来价值。

（3）口碑效应。软文能够让原本并不关心产品或品牌的人也记住其名字，并在日常交流时偶然进行表达，这种效果会带来群体效应。当口碑传播人数达到一定范围后，无论受众在何时何地看到某行业的广告，都能想到软文中所提到的该行业的特有品牌。这种深刻而久远的印象，比硬广带来的短期营销效果更好。

（4）号召力。如果营销团队能够不断在媒体渠道中发布优秀软文，制造流行分享趋势，就有可能会反过来影响媒体和读者，在不知不觉中培养他们对营销团队的长久依赖。比如一些微博大V，甚至在发布软文后还会获得读者"打赏"（即给予现金支持）。

2. 对内

软文主要是针对购买者的，但如果充分发挥其价值，也能够对企业内部的经营管理和运营起到良性的作用。

（1）文化营销。企业文化建设，离不开内部刊物上软文的宣传，通过发表先进事迹和产品理念软文，员工思想素质能够获得有效提高。无论是团队精神还是忠诚度、执行力等，都可以通过软文一而再、再而三的"培训"达到更高境界。

（2）降低成本。硬广虽然能够获得较大流量，但受众群体并不精确，广告费用也很高。与此相比，一篇软文的价格远远比需要竞价的硬广费低很多。如果考虑到较好的软文会获得一定数量的转载，企业实际付出的成本则更低。

（3）产品定位、梳理营销脉络。软文营销既是具体的营销方式，也可以成为营销管理的方式。在软文的定位、策划和写作前后，企业需要进行系统调研、周密策划、动态调整，而这一过程需要企业进行营销方案的完善，并借以明确品牌、产品的定位，从而调整营销渠道。

> **知识小助手**
>
> 软文的间接作用常常因为是潜在的而容易被忽视，只有在进行软文营销前就制订适当计划，才能对其作用的力度和方向加以正确管理。

（三）软文在互联网营销中的作用

软文在互联网营销中发挥着越来越重要的作用。在一些商业性网站中，编辑不但要通过写作常规稿件来对信息加以发布，同时需要兼顾自身网站、客户企业的经济效益，制作和发布不同的软文。软文在互联网营销中的重要作用表现在以下几个方面。

1. 丰富用户体验

网络营销离不开网站。在对网站进行编辑时，不能仅是进行复制和粘贴，而是要从网站用户的心理出发，进行软文的写作和编辑。例如，大众汽车曾经在其企业网站上发布最新两款甲壳虫产品，除了利用 Flash 建立了虚拟的网上试驾体验，之后还推出了一系列用户体验分享软文，其内容给用户带来了前所未有的新鲜感，打造了全新的互联网用户感知方式，并最终生成了 25 份在线订单。

2. 周期长、范围大

将软文用于网络营销能够很快生效。好的软文一旦被发现，就会被大量转载。事实证明，一些诞生于十几年前的互联网软文目前在网络中依然有所流传，并跨越了地域限制。

3. 直接增加有效外链

在软文中加入带有企业网站的链接，能够借助搜索引擎让读者从软文网页界面进入企业网站，提升被搜索引擎收录的概率和排名。如果软文质量高，就能够大量推广企业网站。

4. 提高关键词排名

软文中穿插关键词和长尾关键词，可以增加关键词的密度，加之外链和流量的作用，会让关键词在搜索引擎中得到更高的排名。

> **知识小助手**
>
> 网络营销要想得到优良业绩，需要手段多样化、素材多元化，让软文配合不同营销思路，发挥出不同的价值。

三、软文的基本类型

软文之所以备受推崇，一是因为受众对信息的敏感度越来越高，使硬广的宣传效果下降；二是在硬广宣传效果下降的同时，广告费用却不断上涨，在资金不雄厚的情况下，软文就成了性价比更高的营销手段。由于软文在不影响用户体验的基础上还能够达到既定的广告效果，因此，软文营销也就能够迅速占领市场。

不同的企业，背景和需求各不相同，使得软文的表现形式多种多样。根据传播的渠道和受众的不同，软文大致可以分为三类：新闻类软文、行业类软文和用户类软文（产品软文）。

（一）新闻类软文

新闻类软文是软文发展初期常用的手法，也是最基本的软文类型。此类软文的形态主要以新闻为主，即媒体公关稿、新闻稿、新闻公关稿等。新闻类推广软文有三种写作形式。

1. 新闻通稿

新闻通稿即媒体在采访到一些重要的新闻后，以统一的文章形式发给全国需要稿件的媒体。现在，很多企业在对外发布新闻时都会组织新闻通稿，以提供给需要的媒体。

新闻通稿类软文涉及的技巧相对较少，写作形式简单。首先需要对要宣传的事件进行简要而完整的说明，然后是对消息内容的补充，可以是背景介绍，也可以是事件中的一些花絮、具体的人或故事。

吉林省"妙手讲师团"送技术下基层活动——第三期培训班在长春市圆满结束

2. 新闻报道

由于新闻通稿形式过于简单，因此在宣传效果上不够深入，仅能起到广而告之的作用。要让受众进一步了解相关信息，就需要更为复杂的"新闻报道"来体现。

此类型的软文都是以媒体的口吻、新闻的写法叙述事情，甚至直接聘用真正的记者完成文章，然后像正常的新闻报道一样发布到相关媒体的新闻栏目。由于用的是新闻体组织正文结构，让受众很难辨认出是软文，因此很容易就掉入其设下的"陷阱"。

餐桌新革命，健康饮食新理念，艾思奇饭菜保温板走进寻常百姓家

3. 媒体访谈

相对于新闻通稿的公式化语言、新闻报道说教式的单向灌输，媒体访谈的表现形式显得更生动且富有灵性。

在如今电子商务逐渐崛起的年代，能够最终成为下一个电子商务行业的破茧而出者，不是一件容易的事情。而在电商崛起的初期，曾经风靡一时的聚美优品的CEO陈欧却做得很好，当我们还不太熟悉聚美优品时，我们就先认识了这个为自己代言的"80后"CEO陈欧，他通过媒体访谈的形式，先让所有的人认识他、了解他，然后才是他的产品。

为写出以上三种新闻类软文，我们可以从媒体的角度审视企业内部，从而发现企业内部的新闻亮点，借此来展开软文的写作。企业内部的新闻亮点主要来源于以下几点。

（1）产品技术。对于有价值的新品，产品本身就是一个大新闻。例如，"3D打印机"刚刚问世时，它不仅可以"打印"一幢完整的建筑，甚至可以在航天飞船中给宇航员打印任何所需的物品。它依靠其独特性，从科技产品中脱颖而出。

（2）销售服务。正如一句关于服务行业的俗语，"顾客虐我千百遍，我待顾客如初恋"，在各种类型的产品日渐丰富的时代，现在的消费者在选购产品的时候，除了会关注产品本身的价值和质量，更多会倾向于其营销人员的服务态度和售后服务情况，从而影响消费者的选购。

（3）企业文化。企业文化也是企业的重要组成部分，每个企业的企业文化大相径庭，软文写作者可以挖掘其中的过人之处，把它充分地展示出来。

（4）关键人物。一个企业要做强、做大、走向成功，其中必然有一些人发挥着重要的作用，而这些人往往都具备与常人不一样的特点，这些都足以成为新闻的亮点。大众也都渴望去了解这些成功人士背后的故事。这么做不仅能起到宣传的作用，更能为企业对外形象贴上人性化的标签。

（5）重大事件。对于企业来说，企业中发生的一些事件也可以成为新闻宣传的亮点。例如，我们比较熟知的互联网历史上的里程碑事件——QQ与360的不和，曾成为轰动一时的网络热点。

（二）行业类软文

行业类软文指的是面向行业内人群的，为扩大行业影响力、奠定品牌地位的软文。一家企业的行业地位将直接影响其行业竞争力，从而影响用户的最终选择。要写好行业软文，可以通过以下几点来实现。

1. 经验分享

好的公关、营销和销售人员，都善于利用人的心理展开营销，而"互惠原理"就是其中常用到的。所谓互惠，就是互相分享心得、体会和经验。分享型软文就是利用人性的这类互惠心理，帮助他人学到知识、解决问题，在他人心里树立起好的口碑，然后让产品得以宣传，从而树立自身产品的品牌形象。

案例 7-3

你家床垫的那层膜撕掉了吗？

2. 观点交流

此类软文是以独到的见解、缜密的分析、犀利的评论为主，让读者产生共鸣，继而建立品牌地位和影响力。

3. 权威资料

若是有条件，软文写作者可以写作一些行业的数据调查、分析报告、趋势研究，将数据融入文章，从而将观念植入消费者心中。

案例 7-4

198 名健康专家一致推荐，无菌绿色健康床垫

4. 人物访谈

人物访谈的第一个好处是，不需要软文写作者组织大量的内容，只要邀请到好的访谈嘉宾，准备好问题即可；第二个好处就是在访谈过程中，可以累积到许多优质的人脉资源和媒体资源；第三个好处就是快速奠定品牌在行业中的影响力。

5. 第三方评论

有的时候从自己嘴里说出来的东西往往会显得不客观，此时我们可以邀请第三方人士上阵，让他们从客观的角度来评论。邀请对象最好是在业内具有一定知名度和影响力的网络大V、名人。评论的内容也不一定非要限于正面，负面的也可以。

（三）用户类软文

用户类软文指的是面向消费者和产品用户的软文。这类软文的主要作用是提升知名度与影响力，赢得用户的好感与信任，从而引导用户产生消费。

这类软文的表现形式多样，但基本的原则为：以用户的需求为主，具有阅读性。写这方面的文章，可以从以下几个方面入手。

1. 知识型

知识型软文主要以传播与企业或产品相关的知识为主,在传播知识的同时,将广告信息巧妙结合。

> **知识小助手**
>
> 知识型软文,如天然椰子水的文案开头"近年来,消费者越来越重视健康,拒绝碳酸、糖和添加剂。国人购买饮品的习惯不再仅仅关注饮品的口感,而变得更加关注其配料及各配料的营养成分。这也推动了各种健康饮品的兴起,使得天然椰子水一跃成为当今饮品市场的新宠"。该文从传播健康的生活习惯出发,然后将其与饮品的功效自然结合,这样既能让人了解到健康的小知识,又介绍了产品。这就是知识型软文的精妙之处。

2. 经验型

经验型软文通过经验分享,利用互惠原理和从众心理来引导用户。这种软文适用的产品较多,包括美容保健类、食品类和服务类等。

3. 娱乐型

网络给人们提供的不仅是学习平台,更是一个娱乐平台,很多人在网上玩游戏、看新闻、看电影,对于大多数人来说,互联网就是用来娱乐消遣的,因此如果把软文写得娱乐味十足,那么将会非常有市场。

4. 争议型

争议是网络营销中重要卖点,对于软文同样也是如此。这个争议可以是纯粹的话题争议、事件争议,也可以是人物方面的争议。

5. 爆料型

每个人或多或少都有一些好奇心,就如在论坛中那些标题顶着"曝光""揭秘"字眼的帖子,往往点击率非常高。因此,软文如果从爆料的角度去写,也会受到很多人的关注。这种类型的软文在娱乐行业中经常运用。

6. 悬念型

悬念型就是制造悬念,也叫作"设问式"。悬念型软文的表现形式是用标题提出一个问题,然后围绕这个问题进行解答。

案例 7-5

一个衣柜引发的婆媳斗

7. 故事型

如果将要推广的信息包装到故事里，就会收到意想不到的效果。读者在阅读故事型软文的同时，实际上也接受了心理暗示，将故事中传递的信息印在了脑海中，继而影响他的认知和选择，而且讲故事的软文形式还有利于传播。

ZIPPO 打火机经典软文

8. 恐吓型

每个人都会有软肋，都会有恐惧和害怕的时候。恐吓型软文就是利用人们这样的心理，达成其营销的目的。这类文案通常先抛出一个直击用户内心软肋的结论，当用户意识到事情的严重性后，再给它一个解决方案。通过恐吓形成的效果，要比其他方式形成的效果更加让人印象深刻。

9. 情感型

情感是人内心中最脆弱的一面，其实在做营销时也可以利用人性这个特征进行推广。试想一下如果你抱着追求女孩子的心态，把一篇软文写得像情书一般动人，那样谁能不被感动呢？

母亲

10. 资源型

好的资源人人都喜欢，人人都需要。如果我们可以将用户迫切需要的资源汇总进软文文案并进行传播，那么不但不会被认为是广告，而且还会大受欢迎。

11. 促销型

这类软文就是通过营造"紧缺气氛"，利用"免费策略""攀比心理""羊群效应"等手段来达到营销的目的。

第二节 软文写作概述

一、软文的写作技巧

（一）软文文案的构思与策划

1. 标题

标题只需要做到吸引人就可以了，不管拟什么样的题目，只要能成功吸引潜在顾客就是成功的软文标题。

2. 利用人的好奇心

俗话说得好，"好奇害死猫"，在软文的正文中切忌一上来就提产品，说得再天花乱坠，这样的文案也是失败的，因为人们看到后的第一反应就是，这是一篇广告，直接就忽略了。产品信息应该出现在软文的中间部分或者是末尾，当把人们的好奇心勾起来后，这时候再提产品。

3. 利用好顾客的反馈

如何才能让陌生人信任我们呢？那就是别人的反馈了，来自第三方的评论就能起到很大作用，可以快速帮助用户下决心购买。

4. 价值的包装

顾客购买的不仅是产品本身，还有产品的价值，所以软文要做的就是告诉他，产品会给他带来什么好处。那通过什么途径来告诉他呢？可以说一些关于产品的，比如如何使用产品，产品是如何诞生的，生产工序是怎样的，投入了多少心血，多少人力、物力、财力，这样一步步去放大产品的价值。

5. 内容介绍

内容是关于产品的全部介绍，让客户充分了解产品的好处、特点，包括专家点评、证明文件、价格、付款方式等，然后用客户习惯的语言去描述。

6. 行动呼吁

行动呼吁越简单越好，越明确越好，给用户一个立即行动的理由。

（二）软文写作的准备事项

要想写出一篇好的软文，动笔之前的准备工作是否充分，直接决定了软文的营销效果。那么软文写作之前，究竟需要做哪些准备呢？

1. 确定营销意图

任何营销活动，最先需要确定的都是营销意图，软文营销也不例外。只有确定了清晰的营销意图，才能在软文的策划和写作中有据可依。

2. 分析商品特性

只有足够熟悉和了解商品,才能将商品的特色和优势与消费者的需求联系到一起,写出打动消费者的软文。

3. 分析粉丝特点

现代营销学中,粉丝被放在越来越重要的位置。只有深入分析粉丝特色和需求,才能写出真正能吸引粉丝的软文。

4. 选定发布途径

通过分析粉丝的集聚路径,可以判断粉丝集中在什么平台,那么就可以据此选定软文的发布途径。

5. 确定软文主题

一篇好的软文一定具备广泛的传播力,而传播力深受文章主题影响。当确定了一个高质量的软文主题,软文的成功之路就已经走完三分之一了。

6. 选择软文类型

在主题确定以后,就要挑选合适的软文类型了。新闻报道类、专访类、用户体验类软文等各有各的特点,需根据需求选择。

7. 规划软文结构

规划好软文的结构,让软文看起来紧凑、严谨,会让软文写作变得简单。

8. 收集软文资料

规划完结构,软文写作者就能清晰地知道这篇软文需要哪些资料和证据来支持观点。在着手写作之前,先收集好所需要的一切资料并进行整理、分类,接下来就可以开始软文写作了。

(三)软文写作的注意事项

高质量的软文能够为商家带来源源不断的访问率和转化率,并且在为商家带来高利润的同时,大大提升商家的知名度。那么,软文写作应注意哪些问题呢?

1. 精定位

对消费者进行定位,软文应找准目标的切入点。软文的目标定位准确后,才能做到有针对地推广和精准推广,软文的发放才会有的放矢。

2. 突出标题

写软文时要重视标题,标题成功了,那么软文也就成功了三分之一。

3. 优内容

有了一个引人注目的标题后,文章内容就是进一步影响客户的主要因素了,必定不能粗心。因而,软文内容要语言简洁、逻辑通畅、主题明晰。

4. 巧推广

毫不夸张地说,软文推广是一种极好的推广方法,成功的软文的主要

知识拓展:
怎样让软文被广泛传播

特征在于一个"巧"字。杰出、天然、奇妙的文章，便是一篇合格的软文。

二、软文的写作场景

每篇软文的背后都有属于它的独特场景。软文写作前给产品设定好一个与之相符的美好场景，然后将产品融入场景中，这样可以大大增加软文的可读性。而在为软文构造场景时，主要可以从以下七个方向去把握：悬念式、故事式、情感式、恐吓式、促销式、新闻式、诱惑式。

（一）悬念式场景

设置悬念，是充分利用读者对故事情节很想知道又无从得知的关切和期待心理，巧设谜团，吸引读者读下去。而悬念不仅指的是一个故事的结局，在软文创作时设置悬念还更多地表现为努力营造非常态的动作与行为，也包括非常态的意识与发现。例如，软文《老公别把你的专业，变成伤害我的工具！》，文章题目中的"专业""伤害""工具"等词汇吸引了读者，然后文案内容从一对夫妻的日常出发，本来是一件"电脑用得过久，疑似电脑出现了毛病"的事件，但是联系到文章的标题，却给读者以暗示：这件事情肯定不这么简单，吸引读者继续读下去。果不其然，妻子发现了丈夫的秘密："电脑里的语音控制器"。就是通过这个"可恶"的软件，妻子发现丈夫一直有事情瞒着她。写到这里，就引发了读者对这款软件强大功能的好奇心，便不自觉地会想去搜索看到底是不是真的有这样一款软件。作者就这样通过设置悬疑，然后通过事件叙述逐步解开疑点，在吸引读者阅读的同时也使产品得到了推广。

案例 7-8

老公别把你的专业，变成伤害我的工具！

从另一方面来说，悬念也是受众在读软文时的那个"鱼饵"。我们可以通过设疑、倒叙、隔断等表达方式来制作这个"鱼饵"。

1. 设疑

从软文文案开头就让读者感到疑惑，然后随着文案的讲述逐步解开读者的疑团。

2. 倒叙

先把读者感兴趣的东西说出来，接着再讲述前因。

3. 隔断

讲述过于复杂的事件时，当写到读者最为关注的地方时，突然中断，改从其他的事情说起，这时读者还想着前面中断的地方，因此制造悬念。

（二）故事式场景

故事是人类最古老的传授知识的方式，好的故事，不但轻松、幽默而且含义深远，可以让人从中学到很多知识，加深产品印象。

（三）情感式场景

人都是有感情的动物。情感式软文场景就是利用人的这个特性来撰写软文的。只要找到与产品相连的感情线，并且这条感情线足以打动受众，引起受众情感上的共鸣，这样的软文就特别容易着笔。例如，软文《遇见另一个未知的自己》，这是一篇电商行业的情感类软文，文章用第一人称的写作方式，描写自己以前是一个性格内向的人，自从加入电商行业后性格就开始发生变化，变得活泼、爱笑。这个改变让自己体验到了幸福。这篇文章就是利用人情感柔弱的一面，博取受众情感上的互通，并且以自己的经验为例，使文章更具说服力。

遇见另一个未知的自己

（四）恐吓式场景

每个人都有恐惧和害怕的事物，恐吓式场景就是利用人的这种心理，将恐惧进行渲染，然后让用户意识到事情的严重性，最后再推出产品帮助顾客解决困难。这样的软文形式让用户对产品印象深刻。例如，早些年一款比较火热的矫正人坐姿的产品"背背佳"的软文，案例先是通过资料对中国大部分的青少年都有驼背的习惯进行描述；然后深入分析这种不良习惯会产生哪些可怕的影响，让人们对此类情况感到畏惧；最后再讲述产品对矫正人坐姿的功效，帮助人们解决问题。

背背佳的软文

（五）促销式场景

促销式场景也是在写作软文时遇到得比较多的。这类软文或直接配合促销使用，或使用"买托"制造商品供不应求的盛况，它通过人存在的"攀比心理"，或是通过营造出"紧缺的氛围"，或是利用"免费策略"等方式来使人产生购买欲。例如，"北京人抢购×××""×××，在广州卖疯了""一天断货三次，西单某厂家告急"等，这类软文广告经常出现在网络电商发布促销活动时。

申城粉丝买林书豪T恤"解渴" 网购也染"林来疯"

（六）新闻式场景

新闻式场景是最基本的一种软文形式，新闻式场景是通过寻找企业中的新闻点，这个新闻点关键要突出一个"新"字，所说的事件要是新鲜事或是较为罕见的事件，如公司的成立、推出的新品、大型的活动等，然后把这个事件用"新闻体"的形式呈现出来，如图7-1所示。

图7-1 新闻式文案

在这种场景下写作软文，有以下几个优势。

1. 具有完整阐释功能

广告本身的属性决定了它不可以采取说理或陈述的方式来表现，但是新闻就不一样了，新闻报道可以把企业要传达的目标和信息传播得更准确、更详尽。

2. 高性价比

一般来说，同样版面的企业新闻传播，成本只有广告的 1/5 甚至更低，对于那些广告预算紧张的企业是非常划算的。

3. 传播及时

一个企业发生了具有对外宣传价值的重大事件，要想第一时间把这个信息传播出去，只有通过新闻式软文才能实现。

4. 可实现危机公关

因为新闻类软文就是用简单的语言对产品进行描述且具有可信度，因此我们在处理企业发生的危机事件时，通常采用的方式就是新闻报道。这个相比其他类型的软文能更好、更快地传递所要说明的事件。

5. 具有二次传播性

所谓"二次传播"，就是一个事件要首先被一个媒体发布出来，因为事件的新鲜和热度，引发其他媒体的转载，这种事情屡见不鲜。

（七）诱惑式场景

诱惑式场景就是投其所好地将消费者吸引过来，然后进行直面的产品推销。例如，在逛超市的时候，超市推出的"买一送一""买几送几""买什么送什么"等促销活动，人们看到这样的活动都会忍不住去了解；还有就是很多电商行业，在节日期间会以满减的形式为营销手段给店铺做推广，消费者一看到有折扣就会关注，商家也因此打开了营销市场，如图 7-2 所示。

图 7-2　诱惑式文案

知识小助手

千万不要偷懒做一站式营销，一站式营销是指我们在做软文营销的时候，不能将一篇软文在不同的网站大量发布。这种方式虽然是最简单、快捷的营销方式，但是并不能起到很好的宣传产品的作用。

三、不同类型软文的写作技巧

（一）新闻类软文的写作技巧

写好新闻类软文，必须"神形兼备"，从内容上，要尽可能地包装成规范的新闻稿件；从格式上看，也应符合新闻媒体的刊登要求。

1. 内容要求

"5W1H"要素是新闻类软文必须具备的，包括 who（何人）、when（何时）、what（何事）、where（何地）、why（何故）以及 how（何法）。

此外，新闻类软文还应具备时效性、显著性、接近性、真实性和趣味性五大特性。其中，时效性要求事件必须是近期发生的，显著性要求内容具有明显能被观察出来的特征，接近性意味着要和大多数读者的生活息息相关，真实性即事件本身必须确实发生过，趣味性则主要指新闻本身能带来的娱乐功能。这五大特性并不需要面面俱到，但时效性是最基础的，应尽可能体现在内容中。

2. 内容组成

（1）新闻标题：应高度概括，抓人眼球。例如：《××电商高调宣布杀入双十一竞争序列》。

（2）新闻导语：提示消息整体描述的重要事实，能够使人一目了然。例如："近日，随着天气转冷，我市女性群体中掀起了新一轮养生美食风潮。记者为此走访调查了几家提供相关产品的餐饮门店……"

（3）新闻主体：消息主干，集中对时间加以叙述，阐发问题、表明观点。软文的营销内容也应穿插在这一部分进行。

（4）新闻背景：结合营销内容特点，介绍新闻发生的历史背景、现有环境和条件等。一般情况下只需要简略加以介绍，不应喧宾夺主。

（5）新闻结语：如有必要，可以用最后一句或一段话来加以总结。

3. 正文结构

正文结构是新闻类软文谋篇布局的整体设计。常见的正文结构包括以下几种。

（1）金字塔。按照时间顺序来安排事件，先发生的放在前面，后发生的放在后面；事件的开头就是软文的开头，事件的结尾就是软文的结尾。

（2）倒金字塔。将最重要、最精彩的内容放在前面，后续部分再按照时间顺序依次叙述。例如，将某企业获得重要奖项的事件作为重点放在最前面，随后内容再叙述企业的创业历史。

> **知识小助手**
>
> 倒金字塔式又称作"逆转倒金字塔式"，它以事实的重要性程度或受众关心程度依次递减的次序把最重要的写在前面，然后将各个事实按其重要程度依次写下去，一段只写一个事实，全部事实陈述完，犹如倒置的金字塔或倒置的三角形，因而得名。

（3）菱形。这是一种"两头小、中间大"的结构，以导语引出内容，主要内容相对复杂，可以分段叙述，软文最后用结语进行总结。

知识小助手

因新闻的主要内容比较复杂，导语中容纳不下，也不能概括表达，因此菱形式结构适用于在主体中分段叙述的形式。

（4）辐射型。以一个中心事件或事物为核心内容，其他事实像车辐一样辐射出去，适用于报道比较散的事件。例如，某医疗保健网站的新闻软文，用"雾霾天气下的马拉松"作为中心事件，辐射出养生保健服务的新闻。

（5）并列式。将众多主要事实并列在内容中，然后用导语加以概括提示，营销内容则隐藏在众多主要事实中。例如，题为《烟台国庆主题文旅活动丰富多彩 市民游客同庆祖国华诞》的新闻稿中，用导语介绍国庆期间当地度假休闲拉动经济情况，后文陆续列举了文化旅游的多种形式，并隐藏了以优惠吸引游客游玩参观的营销部分。

烟台国庆主题文旅活动丰富多彩 市民游客同庆祖国华诞

（二）行业类软文的写作技巧

行业类软文是指面对某个特定行业从业人群的软文。不少企业在行业中的排名会直接影响其总体竞争力，影响用户的选择，总是在行业内整体知名度高且有一定影响力的企业占据竞争优势，通过行业类软文，能让企业更有效地扩大自身行业影响力，打造自身的品牌。

写作行业类软文的技巧包括以下几点。

1. 确定技巧、知识

不同行业中存在不同的技巧、经验或知识，如汽车保养技巧、电脑使用技巧等。写作行业类软文时，可以选择这些专业知识作为核心进行撰写。

写作之前，可以先请教相关技术人员或者通过对不同文章和观点的分析，确定要普及的技巧和知识，从而写出有一定行业深度的软文。

2. 分享经验

在传播知识、技巧之后，借用行业专家之口或利用访谈形式，分享围绕这些知识和技巧所形成的经验。由于行业软文的阅读对象大多是行业相关人士，他们会对经验部分的"干货"内容更有兴趣，并由此产生向外界推荐该软文的愿望，这样就可以充分达到软文营销的目的。

3. 交流观点

行业软文既面对行业人士，又面向行业外感兴趣的读者。因此，只写技巧、知识和经验并不适合所有的人。在行业类软文中，不妨加入一些交流观点的内容来进行有效"调和"，列举的观点不一定都是成熟的，重点在于体现从业人员的思考，引起不同群体读者的共鸣，帮助行业品牌建立应有的公信力和知名度。正因为有了观点上的自由表达和合理碰撞，行业软文看起来才更客观公正、不偏不倚，而不单纯是一篇传授知识技能的普通文章。

4. 加入权威资料

无论哪个行业，其从业人员都希望有机会接收与行业有关的调查数据、市场趋势分析、行业观察报告等。如果软文写作者能够事先掌握有针对性的数据和事实，在文章框架构思完成后，找到最好的角度将资料融入软文中，借此提供给从业人员，软文将会更受欢迎。

> **知识小助手**
>
> 行业类软文的成功不可能一蹴而就，要想让笔下的行业软文焕发出超出期待的价值，必须花费一定的时间和精力，多观察、搜集和积累行业的相关情况，以便做到厚积薄发。

（三）用户类软文的写作技巧

用户类软文又称为产品软文。这类软文主要为提高某个单项产品或服务的影响力和知名度，让消费者和潜在用户能够更好地了解产品，并最终引导他们做出消费决定。

用户类软文主要包括下面几种类型，其写作手法相当灵活。

1. 资源情报类

用户确定购买产品之前，会通过各种渠道了解相关产品的知识，他们尤其重视那些消费"牛人"所分享的资源和情报。例如：资深手机玩家在专业手机论坛上发布不同型号手机的知识、新的使用方法等；手工DIY达人向圈内人士介绍购买原材料、组装作品的渠道；保健专家分享食用哪些食物能够起到预防疾病的作用。这些文章看起来平易近人，只是分享资源与情报，但能够隐蔽地植入产品信息。

在撰写这类软文时，应该首先找准和产品有关的情报，随后将之组织罗列成大纲，形成文章之后，再发布到聚集最多目标用户的媒体上。

2. 制造争议类

要想写出有利于推广的用户类软文，可以从产品的使用过程和结果等角度找准争议话题，借用软文中不同人的思考，带领读者"跟风"进行讨论。这样，软文就会因为争议而长久发挥作用。

3. 疑问内涵类

如果想写出能够始终在读者心头萦绕的用户类软文，可以利用人性中好奇探索的基因，为他们准备必要的问题，随后将解答的权力交给他们。文案人员可以一开始就在文章中提出问题，如"为什么日本是全世界平均寿命最高的国家？""为什么高龄女星能够始终保持肌肤水嫩"等。也可以在文章开始介绍产品时，制造具有悬念性的话题，引发读者思考，让问题自然而然地盘旋在其脑海中，如"怎样维护产品""怎样充分利用产品的功能"等。

当疑问背后的内涵被读者所关注时，他们的思维也就会被文章所影响。

知识小助手

用户类软文的核心在于用户。写作者应在创作前置身于用户群体，多了解其想法；创作时则学会换位思考，明确用户的期待和愿望；在创作后，不妨让身边的用户朋友阅读文章，提出意见。

（四）电商产品类软文的写作技巧

近年来，电子商务越来越火，电商产品在撰写软文进行宣传时，既需要参考用户类软文，也需要关注自身特点。

1. 对事实做出夸张处理

电商软文绝大多数都在互联网平台上传播，如果不能对事实加以必要的夸张，就会被埋葬在茫茫信息之中。创作时，要让软文内容更加直截了当或冲击心扉。

例如，在某零售电商的店铺中，为销售除螨用品而发布了一篇软文，软文中将"三个月不晒被子，百万只螨虫陪你睡"的事实加以放大，延伸到生活中的每个细节，并将螨虫对婴儿、老人的危害加以重点描写。虽然这些材料确实是专家研究后所提出的事实，但运用语言文字进行夸大，让其在消费者心中分量更重，成为这篇软文成功的重要原因。

对事实的夸张，绝不应该是无中生有，而是在对手头现有信息进行整理和分析之后，有根据地适当夸大，并以具有表现力的文字来击中读者内心的痛点。为此，写作者需要利用一些大众化的口头词语，对电商产品的功效做出适当的夸大和描述。

2. 强调免费、高性价比和实际好处

选择通过互联网消费的用户，大都是对价格较为敏感的人群，因此，免费、高性价比和实际利益能够最快打动他们。

（1）免费。强调产品或利益的免费性，让读者感到有便宜占、有好处得。例如，"最新户外探险专家技巧，免费分享"，看起来是在无偿赠送知识，其实是将读者导流进入一家经营户外探险用品的电商店面。

（2）高性价比。让读者感到节约金钱的同时获得了相同的利益。例如，"买对空调，就能在这个夏天省 500 元电费"，这样的描述语句运用在软文之中，会让读者在最短的时间内抓住营销重点，并因为高性价比而点击产品页面。

（3）实际利益。在没有提到价格的情况下，就让读者看到能够收获的实际利益。例如，采用"买对奶粉，迅速改善孩子缺铁症状"的标题，再加上软文中的权威数据和图文资料，能够帮助读者意识到自己即将获得的收益，而这种期待感会帮助他们进入软文所引导的消费情境中。

3. 加入网店链接

在电商产品软文中，最好带上电商网站的链接，这样能够增加有效的外链，提高网站在搜索引擎收录的概率和排名。例如，在介绍产品功能之前或者向读者说明可能获得的利益之后，及时展示网址并引导读者点击。当然，链接地址究竟插入何处，同软文发布的平台也有关系，如在相关产品的平台上发布，可以在文章最后插入链接，而在行业论坛或其他平台上，则可以将链接插在文章中最关键的词语中。

另外，无论选择插入文章中的何处，网址的链接都需要选择过渡性的语句来加以协调，过于直白的插入链接会令读者不适。

> 知识小助手
>
> 电商类软文直接面向广大网民，除了要抓住产品特质，还应该以生动丰富的网络语言与素材来构建软文，以便于其在互联网上传播。

四、软文写作的误区与禁忌

（一）软文写作的误区

软文写作，为的是能够提升品牌、促进销售，这一点是毋庸置疑的，但是在实际写作过程中，可能会走入误区，而使软文的效果大打折扣。

（1）内容拼凑。很多作者在写软文的时候采用拼凑的方法，认为这也是一种原创，事实上因为这些文章的语序混乱，读者读完后完全不知道文章要表达的意思是什么。

（2）内容空洞。软文的价值取决于写软文的人水平的高低，一定不能忽视对内容的把握，一篇文章写出来后空洞无味，也就失去了意义。

（3）文章主题不符。好的软文推广场合是有针对性的，不要只为了推广而不顾场合胡乱发表，软文不是写完就大功告成，更需要作者把各方面因素都考虑进来。

（4）专业度低。作者应根据主题选择创作的风格体现自身的专业性，用数据和事实说话，这样可以保证软文在推广的过程中取得很好的效果，写作者应把相关专业信息融合进文章，体现情节性与专业性。

（5）文章中包含禁忌词汇。很多作者在创作时，因不了解互联网上的禁忌词语，导致软文由于出现禁忌词语而在推广中被论坛自动删除，这样就丧失了推广效果。

（二）软文写作的禁忌

软文写作作为商家最常使用的营销方法之一，它可以提升一个商家的品牌形象和知名度，在一定程度上也能够促进产品的销量，但是撰写软文的时候也需要注意以下几点禁忌。

1. 忌篇幅过长

如今快速的生活节奏导致读者看到大篇幅的文字就头疼，即使阅读也很难读完整篇内容，更何况是广告。为了让读者能够快速了解整篇软文的内容，应尽可能做到言简意赅，长篇段落要分轻重并划分几个小段，这样读者自然容易产生阅读兴趣。

2. 忌脱离中心思想

一篇营销类软文不能仅仅是产品信息的堆砌，而是应该为软文订立一个中心思想，然后围绕中心思想撰写，将营销的主题恰到好处地隐藏在软文的正文中，最终形成一篇可读性较强的软文。

3. 忌忽视标题

通常读者决定是否看某一个内容 70%是由标题决定的。标题是整篇软文的点睛之笔，因此，要在标题上下足功夫。

4. 忌无规划

在展开软文营销工作之前就要明确软文推广的目的，你是想塑造品牌，利用新闻造势还是销售更多的产品？这些都应该心里有数，一旦明确目的就逐步落实，否则就是在做无用功。

一个合理的软文推广规划，必须在推广之前确立推广的媒体平台数量、推广的周期长短、软文发布的媒体特征等，这些是规划推广战略中不可缺少的内容。合理地规划软文推广，才能让软文按照计划进行传播，实现超越预期的营销效果。

5. 忌一成不变

在软文推广的过程中，往往需要的软文不止一篇，在长期的推广过程中，需要的软文篇数较多，而所有软文缺乏新意、一成不变是软文推广的一大禁忌。

6. 忌写作拖泥带水

客户看软文广告通常没什么耐心，如果不能在几行字之内抓住客户的视线，后面的内容即使再精彩也毫无意义，写作时避免像写流水账一样，要语言精练，前后呼应，使一篇软文浑然一体。

7. 忌知己不知彼

通常软文写作者会对所要宣讲的产品做深入系统的研究，这样做的确是写出有血有肉的好软文的一个重要因素，但往往忽视了另外一个重要因素——对市场情况的调查研究。

应先把握好市场的热点，分析用户的特点行为并抓住用户最关注的是什么，了解目标受众能够接受哪种传播方式，然后根据这些特征做出相应的推广策略。

8. 忌不考虑可接受性

软文的目的在于说服与感动读者，引导读者产生购买行为，因此要充分考虑软文对于读者的"可接受性"。也就是说，软文一定要给读者一种"可信度"，也要切忌过分地夸大与拔高，切忌把软文写成类似硬广告，引起读者怀疑甚至反感。

复习与思考

1. 简述软文的含义。
2. 简述软文的基本类型。
3. 简述软文写作的要点。
4. 简述常见的软文写作场景有哪些。
5. 简述写作行业类软文的技巧。
6. 简述软文写作的误区。

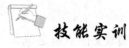

技能实训

实训题目

新媒体营销软文文案写作实训

实训目标

（1）能够通过教师讲解、案例讨论掌握相应知识点。
（2）能够初步学会拟写新媒体营销软文。
（3）能够形成初步的独立思考能力。
（4）能够培养初步的自主学习能力。

实训内容与要求

（1）由教师介绍实训的目的、方式、要求，调动学生实训的积极性。
（2）由教师布置模拟实训题目，题目如下。
　　在朋友圈写一则宣传自己班级的软文文案，同时在班级内分享。通过投票选出最好的文案，并分析原因。
（3）由教师介绍新媒体营销软文写作的相关范文及讨论的话题。
（4）各位同学进行文案拟写，并发布至班级群内。
（5）所有同学相互评议，教师点评、总结。

实训成果与检测

（1）成果要求。
① 提交案例讨论记录：教学分组按 3~5 名学生一组，设组长 1 人、记录员 1 人，每组必须有小组讨论、工作分工的详细记录，以作为考核成绩的依据。
② 能够在规定的时间内完成相关的讨论，学习团队合作方式，撰写文字小结。
（2）评价标准。
① 上课时积极与老师配合，积极思考、发言。
② 认真阅读案例、积极参加小组讨论、分析问题思路较宽。案例分析基本完整，能结合所学理论知识解答问题。
③ 团队配合较好，积极参与小组活动，分工合作较好。

参考文献

1. 喻斌. 新媒体写作教程[M]. 北京：中国传媒大学出版社，2018.
2. 陈倩倩. 新媒体文案写作与编辑[M]. 北京：中国人民大学出版社，2019.

3. 李华，廖晓文，贾悟凡. 新媒体写作与传播：文案写作 图文编辑 内容传播[M]. 北京：人民邮电出版社，2019.

4. 雷默，海马. 新媒体写作[M]. 南京：南京大学出版社，2018.

5. 宋俊骥，孔华. 电子商务文案：创意、策划、写作[M]. 北京：人民邮电出版社，2018.

6. 彭斌全. 软文营销 由浅入深的个性策略[M]. 北京：清华大学出版社，2017.

7. 廖敏慧，吴敏，李乐. 电子商务文案策划与写作[M]. 北京：人民邮电出版社，2019.

8. 王建平，梁文. 软文写作与营销实战手册[M]. 北京：人民邮电出版社，2017.

9. 李红术. 软文营销与内容运营[M]. 北京：电子工业出版社，2018.

10. 文能载商. 10W+新媒体文案炼成记：微信、微商、电商、App、头条号软文实战[M]. 北京：清华大学出版社，2018.

11. 文能载商. 10W+新媒体文案炼成记：爆款标题+内容创作+广告营销+排名优化[M]. 北京：清华大学出版社，2018.

第八章
自媒体文案写作

知识目标

- 熟悉自媒体的定义、特点及优劣势；
- 了解主流自媒体；
- 掌握主流自媒体文案的写作技巧。

重点及难点

重点

- 自媒体的特点；
- 主流自媒体的类型；
- 主流自媒体文案的写作技巧。

难点

- 运用主流自媒体文案写作的相关知识分析问题、解决问题。

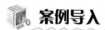

案例导入

自媒体恶意炮制疫情话题当依法处罚

第一节　自媒体概述

一、自媒体的定义

自媒体（we media），又称"公民媒体""个人媒体"，是指普通大众通过网络等途径向外发布他们本身的事实和新闻的传播方式。它是私人化、平民化、普泛化、自主化的传播载体，通过现代化、电子化的手段，向公众或个体传递信息的新媒体的总称。

自媒体可以分为广义自媒体与狭义自媒体。

狭义自媒体是指以单个的个体作为新闻制造主体进行内容创造且拥有独立用户号的媒体。

广义自媒体是从自媒体的定义出发，它区别于传统媒体的是信息传播渠道、受众、反馈渠道等方面，这样自媒体的"自"就不再是狭隘的了，它是区别于第三方的自己。以前的传统媒体，它们是把自己作为观察者和传播者，而针对自媒体，我们就可以理解为"自我言说"者。因此，在宽泛的语义环境中，自媒体不单单是指个人创作，群体创作、企业微博（微信等）都可以算是自媒体。

自媒体时代，每个人都可以拥有摄像机、麦克风、发布平台、传播载体，每个人都可以向自媒体平台发布新闻事件，每个人都可以是记者、传播者和受众。从此，报道新闻不再是报社、电视台、电台等传统媒体的专利。

> 知识拓展：
> 自媒体的发展背景

二、自媒体的特点

（一）普泛化

在如今这个全民皆媒的时代，人人都可以拥有自己的媒体——"网络报纸"（博客）、"网络广播"或"网络电视"（播客），人人都是"记者""总编""台长"。无论你是平民百姓还是知名人士，只要手里有一部智能手机或笔记本电脑，就可以随时随地发表自己的见闻趣事、奇思妙想。

（二）简易性

自媒体操作十分简易，用户只要在腾讯、网易、新浪、优酷等提供自媒体平台服务的网站上注册申请，就可以发表文字、图片、视频、音频等信息。它不像传统媒体（报纸、电视、广播等）需要一个庞大的专业人才队伍进行日常运营和维护。

（三）个性化

这是自媒体最显著的一个特性。无论是内容还是形式，自媒体平台都为用户提供了充足的个性化选择的空间。

（四）迅捷性

自媒体从信息采集到发布，都是私人化、自主化的行为，随时随地都可以发表。信息一旦通过自媒体平台发表，就可以迅速传播给世界各地的网友。不像传统媒体要经过三审三校、排版印刷、运输发行这些必经的程序，受众才能获得信息。

（五）碎片化

这是整个社会信息传播的趋势，受众越来越习惯和乐于接受简短的、直观的信息。

（六）交互性

自媒体将信息传播给受众，受众可以与作者互动，对信息中存在的问题提出看法、发表评论，指出文本错漏之处，作者可以及时纠错，对文稿进行修改、替换或更新。传统媒体如发生错漏，必须在第二天的媒体上发布"更正启事"进行勘误。

（七）无限性

自媒体是虚拟空间，无论何时何地，都可以自由地、无限量地发布自己的信息。它不像传统媒体那样存在发稿时间限制、媒体版面或栏目限制、传播区域限制等各种客观条件的局限。

> **思考与练习**：请选择下列平台上的某个自媒体人，搜集他的自媒体创业故事并进行分享：① 简书；② 豆瓣；③ 知乎。

三、自媒体的优劣势

（一）自媒体的优势

1. 信息多元

自媒体传播日渐成为全民获取资讯的主要渠道，传统媒体的声音由绝对强势渐渐变弱。公众不再通过一个"统一的声音"来获知事物的真相，人人都可以通过自媒体海量的、多元的、全景式的信息，对事物进行甄别、思考。

2. 自主地盘

自媒体写作者在自己的平台上撰写什么内容、何时发表，都是自己做主，它不像传统媒体上的文章要经过三审三校、逐级申报。

3. 细分受众

自媒体信息在互联网传播过程中会产生渗透效应，对受众细分和过滤，特定的内容和风格吸引着潜在的目标客户群体。受众人群泾渭分明，喜欢某些内容和风格的受众趋之若鹜，不喜欢的不再问津。

4. 共鸣效应

自媒体受众的聚合是源于某些共同的喜好，他们有着相近的年龄段和相似的人生经历。

一旦某个热点话题在自媒体上传播，自然会引起这些受众产生共同的想法和观点，在互动过程中形成"蝴蝶效应"，产生一定的影响力。

（二）自媒体的劣势

首先，自媒体传播由于门槛低、鱼龙混杂、自主性强、传播迅速、影响面大，自媒体写作者综合素质良莠不齐，自然存在一些舆论和安全隐患，给政府的监管工作增加了一定的难度。

其次，在自媒体传播过程中，个别自媒体写作者出于博取"粉丝"关注或利欲诱惑等种种原因，杜撰或转发虚假信息，造成社会恐慌，侵害个人或群体利益，破坏社会和谐与安宁，损害新闻传播的正常秩序。

最后，自媒体虚假新闻信息的传播，造谣惑众、混淆是非、颠倒黑白，使不明真相的网民盲目跟风、以讹传讹，破坏了社会的公序良俗，误导了公众的认知和评价，助长了社会的歪风邪气，严重影响了社会主义精神文明建设。

案例 8-1

新闻亦"逆行" 湖南疫情阻击战中的自媒体

第二节 主流自媒体文案写作

一、一点资讯文案写作

（一）一点资讯简介

一点资讯（http://www.yidianzixun.com/）由百度公司前副总裁任旭阳、雅虎中国区研究院前院长郑朝晖等人创办，于2013年在苹果和安卓应用商店上线。一点资讯平台对自己的定位是"一点资讯依赖于融合搜索和个性化推荐技术的兴趣引擎（一点资讯独创的专利技术，它既提取了搜索引擎的数据爬取、文本分析等技术优势，又结合了推荐引擎利用个人画像推送内容的形式，智能分析用户爱好，精准推荐内容），帮助用户更好地发现、表达、甄别、获取和管理对其真正有价值的内容"，如图8-1所示。

图 8-1　一点资讯

（二）一点资讯文案写作技巧

1. 标题佳，选题大众化，内容质量高

一点资讯是基于算法分发制度的平台，文案写作的要点是：首先，标题佳，选题大众化，尽量写大众看了会去点击的标题；其次，内容质量要高，好的内容才能长久留住用户。

2. 内容不含过多广告信息

一点资讯对于内容的审核非常严格，文章中出现 2 处以上公众号信息，含活动宣传、软文推广等信息，都会以"审核未通过，谢绝广告 / 软文 / 活动推广"为由被编辑拒绝。若文章多次审核不通过会被封号。

思考与练习：请浏览一点资讯平台，分析该平台发文主题有哪些，写作技巧是什么。找一篇自己喜欢的文案进行分析。

二、今日头条文案写作

（一）今日头条简介

今日头条（https://www.toutiao.com/）是张一鸣先生于 2012 年推出的一款基于数据挖掘的个性化推荐引擎产品，它以用户为中心，推荐有价值的、个性化的信息，提供连接人与信息的新型服务，是国内移动互联网领域成长较快的新媒体平台之一。今日头条以新闻资讯为主体内容，也涵盖了小视频、小说、音乐、问答、电商、金融等多个领域，如图 8-2 所示。

图 8-2　今日头条

（二）今日头条文案主题

今日头条中，用户在游戏（电竞游戏为主）、美食（食谱为主）、旅游（自驾游为主）、娱乐（明星八卦为主）、教育（孕产为主）、情感（婚姻为主）、房产（装修为主）、时尚（时尚搭配为主）、汽车（国产车为主）这九类资讯上花费时间最长，娱乐类资讯主题占比最多。因此，今日头条主要是一款消遣类自媒体平台。

知识拓展：
今日头条用户需求

（三）今日头条文案发布特点

1. 个性化的信息推送

今日头条最大的特点是能够通过基于数据分析的推荐引擎技术，将用户的兴趣、特点、位置等多维度的数据挖掘出来，然后针对这些维度进行多元化的、个性化的内容推荐。

为受众提供量身定做的个性化信息是今日头条的核心特色。用户想要关注的新闻信息不需要进行手动选择，今日头条会自动甄别用户的喜好，挖掘用户的需求，一对一地为用户推送符合其喜好的资讯和信息。

2. 差异化的受众细分定位

受众由于年龄、爱好、专业等不同，形成了不同分层。今日头条根据用户的上述特点，为他们画像，针对用户画像，推荐符合用户兴趣的资讯。今日头条的不同用户在同一时间所看到的新闻推送是不同的，同一用户在不同时间所获得的新闻是即时更新的。

3. 快速化的信息抓取技术

当用户通过微博、QQ 等社交账号登录今日头条的时候，今日头条根据用户的浏览、收藏、转发、评论行为计算出其兴趣分布，并结合阅读习惯、使用时间、所在场景、地理位置等多个维度，在系统内为每位用户建立个人专属数据库，在 0.1 秒内实时计算出用户行为分析数据；之后在 3 秒内提取文章并进行推荐分类、挖掘，将精准信息送达用户手中。

4. 社交化的内容分享与传播

今日头条移动 App 具有社交分享功能。如果用户看到喜欢的内容，想要和朋友分享，就可以直接点击相应按钮进行分享，可分享到微信朋友圈、微信好友、手机 QQ，还可以分享到新浪微博、支付宝好友以及支付宝生活圈中。

今日头条支持用户发表评论、进行互动。每条新闻之后评论显示的排序也拥有规律，它会优先展示你的社交好友给出的评论，然后是社交网络中意见领袖的评论。另外，它不仅可以添加与自己持相似观点或相异观点的人作为好友，还能够与社交平台相关联。

（四）今日头条发布文案存在的问题

1. 限制用户阅读视野

片面地强调个性化和定制化，会导致用户的信息接触面呈现单一化、同质化的弊端。用户只获取习惯阅读的资讯，将自己局限于一个封闭狭小的圈子之内，窄化了阅读视野和知识面。一方面，无休止的同类信息推送会使用户产生信息压力；另一方面，铺天盖地的信息涌来，容易使人沉迷于信息漩涡中难以自拔。碎片化阅读无形中浪费了人们大量的时间。

知识拓展：
一点资讯平台与今日头条平台的区别

2. 重广度，轻深度

用户在快速获取信息的同时，希望知晓背后的原因，并且希望全面了解新闻事件，得到媒体的深层解读。专业化、深度化的内容成为新闻客户端的必要产品。今日头条在内容深度上存在一定的欠缺。

思考与练习：请浏览今日头条平台，分析该平台的发文主题有哪些，发文特点是什么。找一篇自己喜欢的文案进行分析。

三、简书文案写作

（一）简书简介

简书（https://www.jianshu.com/）是一款整合阅读与写作的新媒体产品，旨在"为作者打造最优秀的写作软件，为阅读者打造最优雅的阅读社区"，如图 8-3 所示。

图 8-3 简书

简书最初的定位是"找回文字的力量——在这里更好地写作和阅读"，是一款主打"文艺范"的互联网产品。之后，随着大众阅读倾向于读图，简书上的信息渐趋多样化，产品定位变为"交流故事，沟通想法——一个基于内容分享的社区"，通过包含图片、音视频等多种形式的文章发布赢取了更广泛的受众。总体而言，简书立足于内容读写及分享，尽管在后期发展中加入了较多社交功能，但依然保持了开放式读写平台的产品定位，形成了相对稳定的风格。

知识拓展：
简书用户的特点

（二）简书文案创作策略

1. 用好简书首页和简书官方微博

浏览简书首页和简书官微点赞总量较高的文章，分析其写作主题、写作模式和写作思路，结合自身定位进行写作。

2. 把握好自身的文风

选好自己的文风，从一而终坚持。分析自己被推到首页的文案思路、主题、写作风格等，找到自己文案的写作侧重点。

（三）简书存在的问题

简书的定位是寻找文字的力量，但就目前的发展来看，大量的文章并不会被用户认真读完。网络信息的爆炸式增长，给用户带来一种接近快餐的阅读方式，用户只会浏览文字较少的内容，而对于大段篇幅的内容，很少会有用户静下心来仔细阅读，这就达不到将优质文章传递出去的目的。

知识拓展：简书与今日头条的区别

思考与练习：请浏览简书平台，分析该平台发文主题有哪些，发文特点是什么。找一篇自己喜欢的文案进行分析。

四、知乎文案写作

（一）知乎简介

知乎平台（https://www.zhihu.com/）是一个社会化网络问答社区类型的知识平台，它连接各行各业的用户，通过分享知识、经验和见解，为中文互联网源源不断地提供多种多样的信息，如图 8-4 所示。该平台于 2011 年 1 月上线，到 2013 年 3 月向公众开放注册，注册用户数量呈井喷式增长。自创立起，知乎平台一直处于高速发展的状态，实现了"爆炸性"增长。在知乎上，如果作者持续发表高质量的回答及互动，会比其他自媒体平台更容易提升知名度。2017 年 11 月 8 日，知乎入选时代影响力·中国商业案例 TOP 30。2019 年 10 月 21 日，胡润研究院发布《2019 胡润全球独角兽榜》，知乎排名第 138 位。

图 8-4　知乎

目前，知乎平台的主要功能有：检索话题、问题或人；根据话题检索问答；编辑推荐、热门问答以及与自己有关的消息通知。知乎平台的核心部分是问答环节。用户发布一个问题，其他用户给予回答。搜索到该问题的人，可以浏览不同人对同一问题的不同看法，然后可以选择赞同、反对、收藏、感谢等操作对答案做评价或者添加评论，被赞同次数越多的答案排序越靠前，这有利于专业垂直领域的意见领袖建立自己的品牌。

知识拓展：社会化问答平台

准确来讲，知乎平台更像一个论坛，用户围绕着某一感兴趣的话题进行相关讨论，同时，可以关注兴趣一致的人。知乎是分享专业知识和见解的平台，其回答问题的深度和专业程度高于简书、今日头条、大鱼号、豆瓣等自媒体平台。

（二）知乎平台的特点

1. 用户自主生产内容

知乎作为一个问答社区，其内容全部由用户自己生产，社区管理人员不参与任何提问或回答，也不提供专业问答服务。所有的用户均可以就自己感兴趣的问题进行提问和解答，用户承担了传播者和受众的双重角色。他们可以通过对答案点赞、赞同、评论等多种形式参与其中。知乎以问答质量高而闻名，这决定了知乎门槛较高，在用户的进入方面具有较高的标准，同时，这种高标准也有助于提高社区内容的权威性和专业性。

2. 包容性强

与百科和全功能型问答社区相比，知乎的讨论氛围更加浓厚。百科类的问答社区能够提供相对完整的定义，但不能提供更深层的核心内容，具有一定局限性。全功能型问答社区更偏重于从是非的角度回答问题，且提供的答案经过筛选，可能会忽略很多存在较高参考价值的答案，局限性也比较大。社会化问答社区中的用户可以对自己感兴趣的问题进行自由探讨，且所有用户可以看见所有问题的所有答案，具有较强的包容性。

3. 社交因素突出

融入了社交关系的知乎社区，是一个可以收集、分享众人智慧的社交平台。用户进入的高门槛，在一定程度上保证了社区中用户的质量。第一批被邀请进入知乎的用户被称为"种子用户"，他们往往是来自各行各业的精英，拥有行业内的资深经验和较高的专业水准，往往能产出高质量的答案。知乎上的用户可以通过关注某类话题、问题发现高质量的答案，关注给出此答案的用户，可以通过私信等方式与其进行交流，甚至建立线下的社交关系。

（三）知乎平台信息发布特点

1. "马太效应"式传播

知乎话题种类繁多，为了让用户得到更优质的信息，必须建立信息筛选机制。针对每个回答，用户可以根据自己的判断进行"赞同"或"反对"投票，"赞同"数量多的答案排在前面。同时，"发现"页面的话题是经过人工筛选的热门话题或精选答案。这些话题会吸引更多用户的注意，导致热门话题越来越热，形成"马太效应"式传播。

2. 信息的系统性与碎片化并存

知乎话题广场每个主话题下面会有多个子话题，基本能够覆盖当今社会各行各业的内容，这是知乎系统性的表现之一。此外，用户可以收藏自己感兴趣的问题、答案等，建立只属于自己的"收藏夹"。在"收藏夹"中，用户可以将收藏的内容进行分类，建立自己的知识系统。知乎用户登录后，在首页会看到所关注的用户、问题等的最新状态，但这些内容并没有进行分类，需要用户自己对这些碎片化的信息进行整理。同时，"发现"页面会向用户推荐每天和每周最热门的内容，这些内容之间没有联系，内容碎片化特征更加明显。

3. 强大的社交网络分享矩阵

知乎用户不仅可以将优质的内容分享给站内好友，还可以通过微信、新浪微博、QQ、印象笔记，甚至短信等方式推送到社交平台上去。知乎通过对社交资源的整合，建立起了强大的分享传播矩阵，这使知乎的信息传播速度更快、传播范围更广。

（四）知乎平台答题要点

1. 开篇点题，引导受众阅读

跟写作文一样，在回答问题之前，需要明确用户提问的核心是什么，给出的答案能给用户带来什么用处，是否能够帮助用户切实解决问题，然后再进行答题。答题开始可以简明扼要亮出资历，证明有资格将这个题目答得很好。因此，知乎文案的开篇主要解决两个问题，一个是明确问题核心，一个是证明自身有资历把题目答得很精彩。

2. 主干部分条理清晰，用案例证明观点

主干部分要分条列款提出见解和建议。每一个建议或者观点后面要用简单的事实和数据进行论证。

3. 加粗字体，引导用户重点查看

所列答案的小标题要自成一行，位置醒目，引导用户阅读；另外，小标题后面阐述的重点语句要加粗，引导用户重点查看。

知识拓展：
知乎与简书的区别

思考与练习：请浏览知乎平台，分析该平台发文主题有哪些，发文特点是什么。找一篇自己喜欢的文案进行分析。

案例 8-2

知乎发布"我的2019"数据报告 带你回顾年度"好奇之旅"

五、百家号文案写作

(一)百家号简介

百家号(https://baijiahao.baidu.com/builder/author/register/index)是百度为内容创作者提供的内容发布、内容变现和粉丝管理的平台。百家号于2016年6月启动并正式内测,9月份账号体系、分发策略升级,广告系统正式上线,9月28日正式对所有作者全面开放。百家号中的文案能被推荐到百度首页、百度新闻源,获得无数阅读量。因为其收录效果好,文案发布成功后,在百度搜索输入相关关键字就能轻易得到展示,如图8-5所示。

图8-5 百家号

(二)百家号写作技巧

无论是百家号还是其他自媒体平台,需要优质的内容是老生常谈的话题。那什么样的内容才算是优质的内容呢?其实,除了原创,百家号官方还提出了六点写作方法供大家参考。

(1)权威性:有明确的权威信源,非虚假权威性信息。

(2)丰富性:文章内容的表现形式一定要多样,图片、文字、视频、音频互相呼应,这样受众也更愿意阅读下去。

(3)深度性:内容最好能有自己独到的想法,让受众从中得到深刻的信息,久而久之就能够俘获一批受众的心。切忌发表内容低俗、见识肤浅的文章。

(4)趣味性:内容有自己的风格特色,能够引起用户兴趣或者勾起用户好奇心。

(5)实用性:内容具有较强的可操作性或者有足够的信息量。

(6)时效性:结合最新的热点事件、节日或者网络词汇及时延伸讨论,用户更有兴趣了解。

(三)百家号写作注意事项

1. 使用清晰度高且符合主题的封面图

用户首先看到的是标题,其次便是图片,清晰而有吸引力的图片能有效引导读者点开文案。

2. 选择适当的发布时间

根据主题内容,选择合适的发布时间,比如上班路上、中午休息时间、晚饭后等,有助于提高文案阅读量。

3. 持续更新

初级账号每天可以更新一篇文章。在连续更新一段时间且文案阅读量高的情况下,百家平台会将账号等级升到"中级"。账号等级越高,获得曝光以及推荐的机会也越多。

思考与练习:请浏览百家号平台,分析该平台发文主题有哪些,发文特点是什么。找一篇自己喜欢的文案进行分析。

六、企鹅号文案写作

(一) 企鹅号简介

企鹅号(https://om.qq.com/userAuth/index)是腾讯旗下的一站式内容创作运营平台,致力于帮助媒体、企业获得更多曝光与关注,持续扩大品牌影响力和商业变现能力,扶植优质内容生产者做大做强,建立合理、健康、安全的内容生态体系。内容创作者生产的内容可以通过腾讯新闻、天天快报、手机腾讯网、QQ 浏览器、腾讯新闻插件、手机 QQ 新闻插件、QQ 公众号等十大平台进行分发,实现"一点接入、全平台分发"的信息发布模式,如图 8-6 所示。

图 8-6 企鹅号

企鹅号很容易申请,不过所有运营者都要先进入试运营阶段,待进入正式运营阶段才能获得各种推荐和流量。

(二) 企鹅号文案写作注意事项

运营企鹅号,在文案写作的时候要注意以下几点。

1. 内容的垂直度

发文内容一定要与注册时选择的领域一致,即注册的时候是什么领域,发文的时候就必须是什么领域,也就是领域一定要垂直。不能今天发娱乐类信息,明天发汽车类信息,后天发美食类信息。

2. 首发

很多运营者都是将一篇文章发布到多个自媒体平台,而企鹅号是非常注重文章的首发性的,也就是说,运营者必须把所写的文章首先发布在企鹅号上。

3. 原创

原创是所有自媒体平台的必然要求,特别是在试运营企鹅号时,要求每篇文章都是原创的。

4. 文章选题

文章内容要结合当前或者最近的新闻热点以及自己选择的领域进行组织。注意，内容要和相关图片结合，不能乱配图。还有一点，没通过试运营前不要带广告信息，等通过试运营后可以在文章中或者文章后适当放置微信公众号。

> 思考与练习：请浏览企鹅号平台，分析该平台发文主题有哪些，发文特点是什么。找一篇自己喜欢的文案进行分析。

七、搜狐号文案写作

（一）搜狐号简介

搜狐号（https://mp.sohu.com/mpfe/v4/login）是在搜狐门户改革背景下全新打造的分类内容入驻、发布和分发平台，是集中搜狐网、手机搜狐网和搜狐新闻客户端三端资源大力推广媒体和自媒体优质内容的平台，如图8-7所示。

图8-7 搜狐号

各个行业的优质内容提供者（媒体、个人、机构、企业）均可免费申请入驻，为搜狐号提供内容；利用搜狐三端平台强大的媒体影响力，入驻用户可获取可观的阅读量，提升自己的行业影响力。

（二）搜狐号的特点

1. 三端全力推广

搜狐号集中搜狐三端的优质流量大力推广自媒体，可快速获取阅读量。文章只需要发布一次，搜狐三端便可同步显示。

2. 自动推荐上头条

搜狐号打破了原有的编辑推荐机制，根据文章本身质量及流量表现实行自动推荐，写得好就有机会上头条。

3. 百科式内容分类

搜狐号根据垂直频道的属性，建立了百科式内容分类，如财经、旅游、健康、母婴、教育、美食、汽车、科技、体育、历史、文化等。

4. 精准化推送

搜狐号通过机器算法与人工审核双重把关，为用户精准推送所需的优质内容。

5. 账号易申请，文章易通过审核

搜狐号的自媒体账号较容易申请，如果之前只运营微信公众号，没有任何其他自媒体的经验，也无法提供相关资质，不妨先申请搜狐号，因为它的通过率比较高。搜狐号对文章审核以及文中插入广告信息也是较"开放"的，只要内容合法，一篇文章插入两三处微信公众号是没有问题的。

（三）搜狐号写作技巧

1. 结合热点进行写作

搜狐号的运营者每天有一次获得推荐的机会，想要获得搜狐号推荐，需要文章有一定的热度或者有一定的话题度。

2. 文案注意结合关键字

由于搜狐号上的文章有可能被百度收录，因此当文案含有关键字时，用户能通过百度搜索直接看到文章页面，这一点对于运营搜狐号是很关键的。

3. 标题限 18 字以内

限定 18 字以内是为了方便推荐，超过 18 个字的标题呈现到用户眼前会"残缺不全"。

> **思考与练习**：请浏览搜狐号平台，分析该平台发文主题有哪些，发文特点是什么。找一篇自己喜欢的文案进行分析。

八、大鱼号文案写作

（一）大鱼号简介

大鱼号（https://mp.dayu.com/）作为阿里文娱旗下的内容创作平台，为内容创作者提供畅享阿里文娱生态的多点分发渠道，包括 UC、土豆、优酷等阿里文娱旗下多端平台，同时也在创作收益、原创保护和内容服务等方面为创作者提供了充分的支持，如图 8-8 所示。

（二）大鱼号文案写作技巧

大鱼号的文案写作直接影响大鱼号的星级评定，而星级评定是对该平台运营状况的客观评估，是对运营者所创作内容价值的综合评估。如何提高星级，获得更多的推荐、更高的阅读量，从而获得更高的收益，这是运营者普遍关心的一个问题。以下为提高星级的具体写作技巧。

图 8-8 大鱼号

1. 发文活跃

坚持每天更新,每月至少创作 30 篇文章或视频作品,创作越多,评定高星级的机会就越大。

2. 坚持原创内容

不可以抄袭,需要尽快获邀开通原创保护。"声明原创"文章越多,评定高星级的机会就越大。

3. 保证内容质量

坚持创作有价值、有内涵、有深度、有意思的作品,作品推荐量和阅读量越高,评定高星级的机会就越大。

4. 垂直领域发文

坚持在同一个垂直领域持续更新作品,创作专注度越高,内容专业性越强,评定高星级的机会就越大。

5. 投用户所好

深入了解粉丝喜好与诉求,持续创作粉丝喜欢的内容,作品阅读量及订阅转化数量越高,评定高星级的机会就越大。

思考与练习:请浏览大鱼号平台,分析该平台发文主题有哪些,发文特点是什么。找一篇自己喜欢的文案进行分析。

复习与思考

1. 简述自媒体的含义。
2. 简述自媒体的优势。
3. 简述一点资讯文案写作技巧。
4. 简述简书创作策略。
5. 简述知乎平台答题要点。
6. 简述搜狐号写作技巧。

技能实训

实训题目

主流平台自媒体文案写作实训

实训目标

(1)能够通过教师讲解、案例讨论掌握相应知识点。

(2)初步学习团队合作,发挥每一个团队成员的能力,学习小组讨论、分析评价的方法,并对讨论问题进行记录和文字小结,完成案例讨论。

(3)能够形成初步的独立思考能力。

(4)能够培养初步的自主学习能力。

实训内容与要求

(1)由教师介绍实训的目的、方式、要求,调动学生实训的积极性。

(2)由教师布置模拟实训题目,题目如下。

传统媒体写作与自媒体写作有何不同?试举例说明。分组后进行讨论,每个小组共同探讨写一篇议论文(2000字以内),在自媒体平台发表,老师将择优在课堂上点评。

(3)对学生进行分组、确定各小组的组长和人员分工,学习小组学习方式,制订小组计划,了解团队要做什么,要达到什么目的。

(4)由教师介绍主流平台自媒体文案写作的相关案例及讨论的话题。

(5)各小组对老师布置的问题进行讨论,并记录小组成员的发言。

(6)根据小组讨论记录撰写讨论小结。

(7)各组相互评议,教师点评、总结。

实训成果与检测

(1)成果要求。

① 提交案例讨论记录:教学分组按3~5名学生一组,设组长1人、记录员1人,每组必须有小组讨论、工作分工的详细记录,以作为考核成绩的依据。

② 能够在规定的时间内完成相关的讨论,学习团队合作方式,撰写文字小结。

(2)评价标准。

① 上课时积极与老师配合,积极思考、发言。

② 认真阅读案例、积极参加小组讨论、分析问题思路较宽。案例分析基本完整,能结合所学理论知识解答问题。

③ 团队配合较好,积极参与小组活动,分工合作较好。

参考文献

1. 喻斌. 新媒体写作教程[M]. 北京:中国传媒大学出版社,2018.
2. 陈倩倩. 新媒体文案写作与编辑[M]. 北京:中国人民大学出版社,2019.
3. 李华,廖晓文,贾悟凡. 新媒体写作与传播:文案写作 图文编辑 内容传播[M]. 北京:人民邮电出版社,2019.

第九章

新媒体广告文案写作

 知识目标

- 了解新媒体广告的特点；
- 熟悉新媒体广告原则；
- 掌握新媒体广告创意要求；
- 熟悉新媒体广告文案的创作要求；
- 掌握新媒体广告文案写作步骤。

 重点及难点

重点

- 新媒体广告创意要求；
- 新媒体广告文案的创作要求；
- 新媒体广告文案写作步骤。

难点

- 运用新媒体广告文案写作的相关知识分析问题、解决问题。

 案例导入

左岸咖啡馆又出新文案，满满诗意！

第一节　新媒体广告简介

在新媒体技术不断发展、媒介大融合背景下,广告业也发生了深刻变化。网络技术、数字技术的迅速发展,促进了各种网络终端产品的涌现,并将信息传播带入了一个崭新的媒体时代。

新媒体广告,顾名思义是指依托新媒体平台所进行的广告投放。相比传统媒体,新媒体的优势明显,既可以迎合人们休闲时间碎片化的需求,也可以让用户自主选择接收的信息,互动性更好,可以说新媒体广告的出现给用户和广告商都带来了新的广告体验。

一、新媒体广告的发展沿革

依据媒体技术的发展脉络,我们可以将新媒体广告的发展分为手机通信广告、传统网络广告、互动广告三个阶段。

(一)手机通信广告

手机通信广告都是由移动运营商管控。广告主需先向手机通信运营商购买渠道,然后发布广告。移动运营商对手机通信广告起决定作用。手机媒体有着其他媒体不能超越的优势:使用用户最多、覆盖范围最广、方便利用碎片化时间,并且能够快速、便捷地传播信息。其广告的主要形式有短信广告、彩信广告、推送广告等。

(二)传统网络广告

网络广告起源于美国。1994 年 10 月 27 日,美国著名的《热线》杂志推出了网络版杂志,并在网站上推出了第一个网络广告,一经推出便吸引了 AT &T 等 14 个客户在其主页上发布横幅广告(banner 广告)。我国经济的快速发展带动了科技进步,网络广告所占市场份额的增长幅度一直高于传统媒体广告。

(三)互动广告

进入 Web 2.0 时代后,交互应用技术的诞生促使互动广告发展起来。起初,互动广告指互联网上的广告,如网站广告和横幅广告等。后来随着科学技术的不断创新发展,互动广告所包含的范围也在不断扩展。因此,我们通常将互动广告称为"新型网络广告"或者"网络营销广告"。

互动广告的主要形式有网站广告、App 广告、SNS 社会性网络服务平台上的广告。此外,传统媒体(如平面和户外广告)上加印二维码的也算是互动广告。

二、新媒体广告的特点

传统媒体广告一般受时空限制，有传播范围小、不易更改等特点。新媒体广告呈现的方式多种多样，具有互动性、跨时空、灵活性、广泛性、兼具性等特点。

（一）互动性

互动性是新媒体广告最基本的特点，也是很重要的特点。不同于传统媒体广告，新媒体广告是"双向传播"，具有信息的交互性。在新媒体时代，受众可以选择是否阅读新媒体广告，同样，受众也可对新媒体广告产生反馈行为，广告主也可与受众进行交流。广告主可以通过广告了解受众对产品的看法，及时对产品进行完善。

（二）跨时空

传统媒体广告受时间和地域限制，传播范围小，传播效果较差。新媒体广告则不受时间和空间限制，全球范围内，只要具备上网条件，任何地方都可以在互联网上阅读各种广告信息。

（三）灵活性

传统媒体广告一旦投放，不易更改。新媒体上投放的广告一旦出现了问题，可以根据广告主的需求及时修改更新，具有很强的灵活性。

（四）广泛性

在公共类的交通、运输、安全、福利、储蓄、保险、纳税等方面；在商业类的产品、企业、旅游、服务等方面；在文教类的文化、教育、艺术等方面，新媒体广告均能发挥作用。

（五）兼具性

新媒体广告展示的形式多种多样，具有文字和色彩兼备功能，从产品商标、品名、实物照片、色彩、企业意图到文化、经济、风俗、信仰、规范无所不包含。通过构思和独特创意，紧紧抓住诱导消费者购买欲这一"环"，以视觉传达的异质性，达到广告目的。

知识拓展：
新媒体广告较传统媒体广告的优势

三、新媒体广告存在的问题

在我国，新媒体广告行业呈高速发展的趋势，但由于自身发展不成熟、管理制度不完善等原因，新媒体广告也存在一些问题。

（一）纷繁复杂，可信度低

当打开某一网页时，有可能有五六个广告出现在网页上，甚至还有一些弹窗广告很难关闭。各种广告信息纷繁复杂、五花八门，其中有不少虚假广告，让受众难以抉择，造成广告可信度降低。

（二）内容单调，格调不高

虽然有些广告，特别是品牌广告，制作精良，但网页和手机推送的小广告，制作简单，内容单调乏味，甚至一些小游戏的广告，呈现内容低俗粗暴，让受众产生抵触甚至反感情绪。

2019新媒体经典营销案例

第二节　新媒体广告创意

广告文案，首先看创意。创意是创造性的思维活动，是广告策略的表达，其目的是创作出有效的广告，促成购买。创意是广告的灵魂，缺少创意的广告，文字再好，终究不是好的广告。

一、新媒体广告创意的特性

（一）以广告主题为核心

广告主题是广告创意的出发点和基础，同时为创意的发挥提供了最基本的题材。只有清晰地表达主题，独特的创意才能发挥作用，使广告信息的传播更为生动、更吸引人和更容易被记忆；如果创意不能表达主题，甚至偏离主题，那么创意即使再独特，也是南辕北辙，只会对广告信息传播造成干扰。

（二）首创性

在广告业里，与众不同是伟大的开端，随声附和是失败的起源。创造意味着产生、构想过去不曾有过的东西或观念。在广告中，创造通常是将过去毫不相干的两件或更多的物体或观念组合成新的东西。可以说首创性是广告创意最鲜明的特征，是广告创意最根本的一项素质。但这并不等于一味地哗众取宠，离开特定信息的传播，任何新颖的创意都毫无意义。

（三）实效性

新媒体广告创意虽然往往通过一定的艺术形式来表现，但同纯粹的艺术又有着本质的区别，那就是广告有着明确的销售目的。广告大师克劳德·霍普金斯说："广告的唯一目的就是实现销售。"广告创意如果不能促进销售，不能给广告主带来利益，就不是好的创意。其实效性具有两层含义：第一，要注重广告的实际效果；第二，要具有可操作性，便于付诸实施。

（四）通俗性

新媒体广告主要通过新媒体传播方式进行，因此，为确保广告的创意能够被大众接受，就必须考虑大众的理解力，应采用简洁明了的方式传递集中单一的信息。

二、新媒体广告创意的基础

广告在产品的价值链中起到广告主与消费者之间的桥梁作用。因此，如果想产生有效的广告创意，创意人必须对营销原理有所了解；同时，必须从传播的角度思考问题。

首先，创意人必须了解目标消费者的需求，并懂得如何与他们沟通。只有实现有效的传播沟通，广告才可能是成功的。其次，广告创意人一定要对广告的产品或服务进行充分的了解。如果是适合自己使用的个人消费品，广告创意人要尽量尝试使用广告的产品或服务，体验消费者使用商品或服务的真实感受。最后，广告创意人要分析竞争对手的情况，了解竞品有何优缺点及其广告状况。这样，才能给自己的创意找一个恰当的方向，选择一种合适的策略。

广告创意人在筛选销售信息时，必须考虑消费者看到销售信息时会有什么反应和行动。同时，广告创意人应思考消费者为什么会有这样或那样的反应和行动。目标消费者在看了广告后，是不是开始喜欢这个产品？他们会去商场买这个产品吗？他们看了广告后会立即在网上订购吗？广告创意人应该尽量把可能出现的情况预先想到，并从中做出最好的选择。

广告创意人还应该对网络广告做出预算，考虑收益与成本。广告创意人必须在网络广告预算范围内开展创意，否则，广告创意就无法实现。

总之，广告创意人在创意之前应该考虑各种因素，尽量全面地掌握各方面的材料。

三、新媒体广告创意的原则

（一）目标导向

新媒体广告创意必须与广告目标相一致，必须围绕广告目标进行创意，从广告服务对象出发，最终又回到服务对象。迷失目标的广告创意肯定是失败的，任何偏离广告目标的广告创意都会导致"差之毫厘，谬以千里"的结果。

要切记，广告创意的任何艺术性营造都是为了刺激人们的消费心理，促成营销目标的实现，正如广告大师大卫·奥格威所说："我们的目的是销量，否则便不是广告。"这应成为广告人的圭臬。因此，在广告创意过程中，任何创意都必须首先考虑广告要达到什么目的和效果。唯有"妙不可言"的创意和"步步为营"的营销目标有机融合，才能算作成功的广告创意。

（二）关注为先

新媒体广告创意要"抓住"广大受众的眼睛和耳朵，千方百计地吸引消费者的注意力，使广告内容在消费者心里留下深刻印象，让他们来购买你的产品。因此，运用各种可能的手段去吸引尽可能多的人注意是广告创意的一条重要原则。同时要牢记，广告若想真正引起关注，最根本的还在于利益点。有效的广告创意必须把产品和服务的性能转化成利益点，承诺的利益必须明确、独特、可信、有意义且没有利益冲突，如此才能真正地引起人们的注意。

知识拓展：
大卫·奥格威

（三）简洁是金

简洁是金又称"KISS"原则，即"keep it simple sweet"，意思是"简单甜美"。广告创意必须简单明了、纯洁质朴、切中主题，以使人过目不忘、印象深刻。正如伯恩巴克所说，"在创意的表现上只是求新求变，与众不同还不够。杰出的广告既不是夸大，也不是虚饰，而是要竭尽你的智慧使广告信息单纯化、清晰化、戏剧化，使它在消费者脑海中留下难以磨灭的记忆""我毫不犹豫地宁愿选择一个平凡简单但活泼、充满意义和生命的广告，也不愿选择一个美丽而无头脑的广告""恰到好处的创作手法定能令产品销量得到有效的提升""花拳绣腿，为卖弄艺术而卖广告是最危险的事情""我奉劝你一句，切勿相信广告是科学"。伯恩巴克认为，广告创意无须刻意与严谨，只要能使产品信息有效传达即可，平凡亦是非凡；如果过于追求情节化效果，必然使广告信息传达模糊，令人不知所云。

知识拓展：
伯恩巴克

（四）不懈创新

针对产品特点与消费者需求寻找交叉点是形成新媒体广告创意的重要前提。在进行广告创意时必须针对不同的消费者、不同的产品、不同的竞争者、不同的媒体，进而形成独特的创意。千篇一律的广告创意不仅很难起到理想的销售效果，而且有可能适得其反。伯恩巴克强调，广告创意要以崭新的意念吸引注意力，建立独特个性才能成功。他以烤面包做比喻：只有那些新鲜出炉，热力四射的崭新意念才会令人垂涎三尺，胃口大开。他进一步指出，对一件事抱有自己的立场，你通常会发现面对的是两部分人，即"支持你"或"反对你"，但当你对任何事情都无个人立场时，你将会找不到反对你的人但更找不到支持你的人。除此之外，伯恩巴克还提出了以下几个观点："人们往往怀疑那些看起来模棱两可并难以掌握的技巧，但事实上，这可能预示着你正在走进最实用的创意境界""广告巨人大多是诗人，他们从产品资料跳进无限的创意和幻想领域之中，因为只有意念崭新的才干和经营手法才可在今天暴力和花边新闻过盛的社会里争夺到消费者的注意力""知识人人可以拥有，但穿梭于知识中的直觉，一个伟大的意念，才是真正有价值的精神财富""要令一个广告、一个人或一件商品起眼乃至成功，先要为其建立独特的自我个性，否则，它永远都不会被人注意""无论任何景象符号，有朝亦会变旧，枯谢而死，但阁下亦要不断寻找新的影像符号……即使手上是呕心沥血的崭新佳句,有朝一日亦会变成明日黄花……"因此,广告人要与时俱进、不断创新、不懈追求独特非凡的个性,这才是成功广告的至真"真理"。

(五)统筹整合

"大创意"往往能够使广告诸多要素连接在一起,将众多的创意作品锁定在广告目标上,从而产生统一、完整、和谐的品牌印象,有助于创立有价值而且是越来越有价值的品牌形象,而良好的品牌形象本身就具有强有力的促销作用。这样既能达到传播品牌信息、提升品牌形象的效果,又能达到促进产品销量的目标。

> **知识小助手**
>
> "大创意"指的是整个广告活动中涉及的方方面面,其中包括广告策划、广告营销、媒介发布等。"小创意"指的是一件广告作品的广告文案写作与广告艺术设计的构思与表现。

例如,大众汽车电视广告"受检两次篇"。在一家汽车制造厂里,有个质监人员在检验单上逐项画着对号。"所有的汽车制造商都有质量检验程序。所有的汽车制造商都要检验他们的生产。但是,有那么一家汽车制造商对此极为重视,因此它建立了世界上最为严格的质量检验系统。每个零件都要经过彻底检验……"验单人员划着最后一项"然后还要再检验一遍"。镜头调回检验单,每一项旁边又划上第二个对号……双对号"√"重叠变得像"w"一样。"大众,你了解它,你信任它"该片的创意就使受众对大众品牌,无论是对品牌符号,还是对高品质、认真、严谨等品牌个性都留下了深刻的印象。

(六)以情感人

情感是人类永恒的主题,以情感为诉求重点来寻求广告创意是广告人普遍的做法。在现代社会,人们的消费追求越来越"情感化",如果广告创意能够通过爱情、亲情、友情、乡情、同情、人情、物情等,将广告内容注入浓浓的情感因素,动之以情,诉诸感性,渲染气氛,便可以打动人心,使人们在强烈的感情共鸣中认知和接受广告产品,达到非同寻常的广告效果。

例如,麦当劳广告"婴儿篇"。一个摇篮中的婴儿、一扇敞开的窗户,摇篮上下起伏,当摇篮上升时,婴儿露出开怀的笑,当摇篮下沉时,婴儿骤然哭泣,这样的情节周而复始。镜头转向窗户,当摇篮上升时,看到的是蓝天下麦当劳的店标,当摇篮下沉时,只留下一片蓝蓝的天空……此广告通过婴儿的哭笑来表达对麦当劳的喜爱之情。

再如,美国贝尔电话公司的一则影视广告。一对老年夫妇在饭厅里静静地吃着饭,忽然房间里电话铃响起,老妇人进去接电话,老先生在外边停下吃饭,侧耳倾听。一会儿,老妇人从房间里走出来,默默无言地坐下。老先生问:"谁来的电话?""女儿打来的。""她有什么事?""没什么事。""那为什么从那么远的地方打电话来?""她说她爱我们。"一阵沉默,两位老人泪水盈眶。这时,旁白不失时机地插入:"贝尔电话,随时传递你的爱。"一语破题,感人肺腑,令人回味无穷。

（七）合理合法

广告创意必须符合广告法规，体现社会责任感。现代广告的商业盈利目标和社会伦理价值往往发生冲突，商家市场竞争的火药味也越来越浓，广告对广大受众，尤其对青少年的负面影响越来越大。因此，广告创意要注意遵循广告法规、社会伦理、宗教信仰、民族文化及风俗习惯的约束，这样才能收获正面的、被社会大众认可的传播效果，否则再好的创意也不会达到所欲求的目的。

四、新媒体广告创意的要求

（一）熟悉新媒体特点

由于新旧媒体的差异性，新媒体广告与传统媒体广告存在明显的差别。传统媒体广告往往是被迫接受，新媒体却不一样，受众可以选择是否收看。此外，传统媒体广告在传播时基本都是单向的；新媒体则不一样，受众可以参与其中，进行互动。因此，在进行新媒体广告创意时，首先要熟悉新媒体特点。

（二）运用多媒体技术，增强广告效果

新媒体比传统媒体具有更多的技术成分。因此，在进行网络广告创意时，要善于利用新技术。网络广告应呈现实时、动态、交互的多媒体世界。文字、声音、图片、色彩、动画、音乐、视频、三维空间、虚拟视觉等形式都可以采用，以便增强广告的吸引力，满足人们求新、求变的心理，调动受众兴趣。

（三）区分不同产品，选择不同页面

目前网络广告比较注重首页创意，但对更深页面的创意不够重视。这是认识上的一个误区。事实上，从许多网站的数据来看，除了一些大众消费品适合在网站首页发布广告，一些比较专业的产品，流量越大的页面，点击率越低；流量越小的页面，点击率越高。因为，越往深处，内容越专业，虽然曝光频次少，但都是有价值的暴露。一家经营摄影器材的客户在新浪网上投放广告，开始在首页上做，结果点击率只有0.5%，最后换到更深的专业页面去做，结果点击率达到20%。

（四）争取受众反馈，促成网上购买

网络广告能实现的目的：一是介绍产品、树立品牌形象，二是实现受众的直接购买。因此，在进行网络广告创意时，一定要努力做到能使受众反馈，甚至促成在线销售。随着市场环境的成熟和网络技术的进步，网络营销会逐步发展、成熟。

案例 9-2

暖心金融广告文案策划

第三节　新媒体广告文案写作

一、新媒体广告文案的含义

新媒体广告写作基本思路与传统媒体广告写作大同小异。

广告文案又称广告文或广告文稿。对于广告文案的含义的解释有广义和狭义之分。

所谓广义的广告文案，是指广告作品的全部内容，包括广告文字、图片、绘画、色彩运用、布局装饰等。这种观点认为，最初的广告作品，主要是由语言文字组成的，语言文字便是广告作品。但随着广告表现形式的发展变化，各种非语言要素也已进入传递广告信息的行列，广告文案仅指语言文字的含义就显得不够全面，于是又将广告文案的含义引申为现代广告作品的全部内容。因此，广义的广告文案即指广告作品的全部。

知识拓展：
文案

所谓狭义的广告文案，是指广告艺术形式中的语言文字部分，是围绕广告主题，通过一定的媒体向公众推销商品、介绍服务内容的应用文。

二、新媒体广告文案的特点

作为一种特殊的应用文，新媒体广告文案具有如下几个特点。

（一）生动形象且富有吸引力

当今社会，人们每天要接触大量信息，要受到各种广告信息的刺激，一则新媒体广告能否引起公众的注意，并使他们真正对广告产生兴趣，接受广告诉求，进而购买广告所宣传的商品，关键在于广告作品是否生动、形象而又富有吸引力。这就要求新媒体广告文案必须有声有色、生动感人，以吸引公众的注意力，从内心深处刺激公众的欲望，最终达到促进商品销售的目的。

（二）具有浓厚的商业色彩

新媒体广告文案不是纯文学艺术创作，它要直接或间接地为商品促销服务。因此，无论是广告主题、广告文案的主体内容，还是广告语，都带有浓厚的商业色彩。例如，有些新媒体广告文案中就直接包含享受优惠、得到赠品、欲购从速等促销内容，具有鲜明的商业色彩。而有些新媒体广告文案，虽然单纯从字面上看并没有商业促销的内容，但新媒体广告文案往往通过优美的语言、充满诗情画意的文字，引导公众产生美好的联想，进而产生消费欲望，它同样具有商业色彩。这主要是为了消除公众对文案中直白的商业信息的抵触心理，使公众在不经意间接受广告信息，最终产生购买行为。实际上，这种表达形式的广告文案往往取得的广告效果更显著，实际的商业收益更大。

（三）真实具体

新媒体广告文案必须具体、真实，力戒主观、虚构和过度夸张，通过实事求是、客观地介绍企业产品或服务的优点，以保护公众的利益，保证企业的长期生存和发展。同时，广告作品的语言既要准确无误，又要朴实无华，简洁而有力。这就要求在广告文案创作中，不应一味地追求文字的华丽或堆砌辞藻，而应从实际出发，力求做到浅显易懂，言简意赅，严谨鲜明，使广告文案真正具有冲击力，从而产生良好的广告宣传效果。

（四）独特而贴切

美国广告专家威廉·伯恩巴克认为"广告文案最重要的就是新颖与独创"。广告拒绝平庸，标新立异是广告较量的焦点，独创性是广告的生命力。因此，新媒体广告文案的创作必须积极寻求新意，准确而巧妙地传递广告信息。只有独特、新颖，才能给公众留下深刻的印象，产生巨大的广告宣传效果。但新媒体广告文案的独特、新颖，应以符合基本的语言规范为前提。不遵守语言规范的广告文案往往会影响公众的认知率。盲目追求差异，不恰当地打破语言规范，过度地运用文字写作技巧，反而会使受众难以理解，造成广告信息沟通上的障碍。从某种意义上讲，新媒体广告文案在符合基本语言规范的基础上，是否具有独特个性，是广告作品吸引公众注意的关键因素。同时，新媒体广告文案的独特个性必须能够反映和贴近所宣传的商品内容、品牌形象、消费者的生活、目标公众的语言习惯和阅读风格。如果忽略广告文案与产品、目标公众的贴近，只是单纯地追求广告文案的独特新颖，也就失去了广告文案的实际意义。

三、新媒体广告文案的创作要求

新媒体广告文案的创作与一般的文学创作不同，一件好的新媒体广告作品，除了必须根据产品或服务的特点，把内容清楚地表达出来，还必须能够引起目标消费者的浓厚兴趣，激发其购买欲望，直至产生购买行为。因此，只有根据新媒体广告文案的特点，正确领会新媒体广告文案的创作要求，才能创作出优秀的新媒体广告文案。

广告文案的创作，涉及主题、取材、结构和语言诸多方面，在创作时，应符合以下几个基本要求。

（一）主题明确

广告主题的明确化是新媒体广告文案创作的基本要求。因为任何一个广告作品的容量都是有限的，只有主旨明确、主题鲜明，才能增强广告作品的吸引力，强化广告作品的感染力。同时，明确单一的广告主题，也更便于公众的理解。一般而言，广告文案的主题内容包括商品特征、商品给公众带来的利益、品牌形象、企业文化、企业优势、附加形象等。进行广告文案创作时，首先应在这些主题内容中选择其一作为主题；其次是必须使广告标题在内容、表达上和主旨一致，以直接简明的语言体现主旨的要点；最后是选择的文字材料要与主题相统一，通过与主题相关的文字材料，烘托出鲜明的宣传主题。

（二）内容准确真实

新媒体广告文案要准确地反映商品或企业的主要特点，挖掘出广告对象所包含的内在意义。真实、准确的新媒体广告文案内容，不仅能够较好地宣传商品、展示企业形象，而且能够提高宣传作品的影响力。为确保广告宣传内容准确无误，进行广告文案创作时，必须以丰富的真实材料为基础，广泛地收集和整理材料，从材料中提炼观点，反映宣传内容的本质，在研究材料的基础上形成主题，并围绕主题取舍材料，以主旨统帅材料。可以说，只有经过材料的收集、鉴别、选择和使用等一系列环节，才能使新媒体广告文案从无到有，从雏形到内容均完备。由此可见，做好材料整理工作是新媒体广告文案创作的基础和有力保证。

（三）文案结构布局合理

作为一种特殊的商业应用文体，新媒体广告文案的结构应力求单纯简明，布局严密。在新媒体广告文案中，如果说主题是灵魂，材料是血肉的话，那么结构就是骨架。只有良好的结构安排，才能清楚地表达主题和宣传内容。因此，进行新媒体广告文案创作时，必须在服从广告主题需要的前提下，注意布局谋篇，讲究开头和结尾的呼应，安排好层次和段落、过渡和照应，力求做到结构完整、布局严密、层次清晰、简明扼要、通俗易懂，从而使文案结构更好地为广告主题和宣传内容服务。

（四）语言科学流畅

从某种程度上说，新媒体广告文案是一种语言艺术，其语言表达直接影响着新媒体广告宣传作品的感染力和冲击力，直接关系到最终的广告宣传效果。在新媒体广告文案的创作中，语言表达是否科学、准确，行文是否简明、流畅，是衡量文案创作水平的重要方面。因此，创作广告文案时，应注意逻辑结构，讲究语法辞章、遣词造句，力求语言精练，行文简明、流畅，力戒滥用专业术语、模糊语言以及不规范用语现象。同时，创作新媒体广告文案时，还应在用语上使之适应广告宣传内容、宣传方式、广告受众心理以及宣传媒介特性的需要，创作出切合受众心理，符合宣传媒介需要的广告宣传文案，从而提高新媒体广告作品的感染力和冲击力。

（五）风格新奇且具艺术情趣

新媒体广告文案创作力求新颖、独特，且具有艺术情趣，以激发公众的好奇心，并带给他们身心的愉悦和轻松。所谓"新"就是广告文案应别出心裁、不落俗套，做到内容新和角度新，并能够提供有价值、有个性的信息。"奇"就是文案表达要有奇特的艺术魅力，能促成购买冲动。"艺术情趣"就是用艺术的手法来体现高雅、幽默的内容。有些商品或服务本身就含有某种情趣，在创作广告文案时，要善于通过对广告宣传内容的体会和对目标受众的分析，借助生活化、情感化、幽默化的语言，揭示出商品或服务本身的情趣，从而使目标受众在感受到广告所带来的乐趣的同时，接受广告所传递的产品或服务信息。例如，某剧院的广告："台上笑台下笑台上台下笑惹笑，看古人看今人看古看今人看人"就颇具艺术情趣。

（六）强调鼓动性和有效性

新媒体广告文案创作不同于一般文学作品的叙述、抒情和论证，尤其强调广告文案的心理鼓动性和有效性，以更有效地为商品促销服务。因此，在创作新媒体广告文案时，要善于应用心理技巧，巧妙地利用人们的逆反心理、名人效应和社会热点事件等，强化广告文案的鼓动性。同时，广告宣传用语要富有动作色彩，借用祈使句的形式，直接诱发公众的参与心态和动作意识，从而达到广告促销的目的。

知识拓展：
大卫·奥格威关于文案写作的建议

四、新媒体广告文案的写作步骤

广告大师大卫·奥格威在《一个广告人的自白》中说："消费者不是傻瓜，消费者好比就是你的妻子，如果你以为仅凭口号和煽情的形容词就能劝服她买东西，那就是在侮辱她的智商。"一句看似简单的广告标题可能只有十个字左右，但背后需要写作者完成一系列工作，这些工作包括相关的调查研究、目标受众分析、市场定位分析、产品卖点分析、竞争对手分析等。只有经过这些分析与研究，为产品或服务找到了独特的销售说辞，才能开始去写文案。如何为独特的销售说辞找到最合适的文字表达则又是一个复杂的过程。

知识拓展：
《一个广告人的自白》

文案写作的步骤通常包括明确文案写作目的、写创意简报、文案写作输出三步。

（一）明确文案写作目的

广告一般有以下三种类型：品牌宣传、产品销售、推广活动。目的不同，文案写作的思路和方法也不相同。

如果目的是品牌宣传，那么就要了解品牌定位、品牌个性，写出符合品牌调性的文案。如果是产品广告，则要研究产品特点，了解产品与同类产品的差异性。这些差异性是否是消费者需要的，给消费者带来了什么新的体验。消费者放弃竞争对手而选择你的商品，理由是什么？如果是一个推广活动，则要考虑如何让消费者觉得这个活动有吸引力，积极参与进来。

（二）写创意简报

创意简报也称创意纲要，主要用来指导文案的创意与写作。创意简报是对创意写作人员在策略方向上的指导，是策划创意人员对品牌、产品、市场竞争、消费者分析的精髓。

优秀的文案源于好的创意，而要得到好的广告创意，首先就要做一份精准的文案创意简报。一份好的创意简报可以输出好广告的策略。策略是文案写作的指引方向，没有策略的指引，文案的写作就会掉入随兴所至的陷阱。好的策略可以使你的广告从成千上万的广告讯息中脱颖而出。

要确定广告策略需要回答以下四个问题。

（1）对谁讲：他是谁，喜欢什么，厌恶什么，有何偏见？

（2）说什么：传递什么信息，可以让他（她）相信或感动？

（3）如何说：用什么方式说出？温柔地说、诚恳地说、权威地说还是自信地说？

（4）什么时候说：什么时候传送这个信息最合适？

因此，创意简报的内容一般包括工作描述、广告目的、品牌个性、竞争分析、消费者分析、现状分析、对策分析、第一诉求、支持点、风格和调性、限制条件、必要元素等。

知识拓展：
七喜汽水创意简报

好的策略与简报要做到以下三点。

（1）单纯：也许很啰嗦，但要有一个单一的意念。

（2）清楚：到底要什么。

（3）激发力：让创意和文案人员有蠢蠢欲动的感觉。

（三）文案写作输出

明确了文案的写作目的，根据创意简报的要求，深刻领会简报中给定的广告策略，进行创意思考，最后完成文案写作。

案例 9-3

钉钉文案设计，简直戏太深

复习与思考

1. 简述新媒体广告的含义。
2. 简述新媒体广告的特点。
3. 简述新媒体广告创意的原则。
4. 简述新媒体广告创意的要求。
5. 简述新媒体广告文案的创作要求。
6. 简述新媒体广告文案的写作步骤。

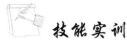# 技能实训

实训题目
新媒体广告文案写作实训

实训目标
（1）能够通过教师讲解、案例讨论掌握相应知识点。
（2）初步学习团队合作，发挥每一个团队成员的能力，学习小组讨论、分析评价的方法，并对讨论问题进行记录和文字小结，完成案例讨论。
（3）能够形成初步的独立思考能力。
（4）能够培养初步的自主学习能力。

实训内容与要求
（1）由教师介绍实训的目的、方式、要求，调动学生实训的积极性。
（2）由教师布置模拟实训题目，题目如下。
试为一家音乐文化酒吧写一则新媒体广告的文案，要求如下。
诉求重点：音乐、文化。
消费群体：有一定文化修养，时尚且稳重，年龄20~40岁。
文案要求：新、奇、特，表现出以下人物的精神——广告人、摄影师、时尚人物等。
酒吧名字含义：音乐仓库，文化重地。
（3）对学生进行分组，确定各小组的组长和人员分工，学习小组学习方式，制订小组计划，了解团队要做什么，要达到什么目的。
（4）由教师介绍新媒体广告文案写作的相关案例及讨论的话题。
（5）各小组对老师布置的问题进行讨论，并记录小组成员的发言。
（6）根据小组讨论记录撰写讨论小结。
（7）各组相互评议，教师点评、总结。

实训成果与检测
（1）成果要求。
① 提交案例讨论记录：教学分组按3~5名学生一组，设组长1人、记录员1人，每组必须有小组讨论、工作分工的详细记录，以作为考核成绩的依据。
② 能够在规定的时间内完成相关的讨论，学习团队合作方式，撰写文字小结。
（2）评价标准。
① 上课时积极与老师配合，积极思考、发言。
② 认真阅读案例、积极参加小组讨论、分析问题思路较宽。案例分析基本完整，能结合所学理论知识解答问题。

③ 团队配合较好，积极参与小组活动，分工合作较好。

参考文献

1. 喻斌. 新媒体写作教程[M]. 北京：中国传媒大学出版社，2018.
2. 陈倩倩. 新媒体文案写作与编辑[M]. 北京：中国人民大学出版社，2019.
3. 李华，廖晓文，贾悟凡. 新媒体写作与传播：文案写作 图文编辑 内容传播[M]. 北京：人民邮电出版社，2019.
4. 陈培爱. 广告学概论[M]. 3版. 北京：高等教育出版社，2014.
5. 张剑辉，陈军向. 广告学概论[M]. 北京：化学工业出版社，2015.